中高生から考える死刑制度

死に値する罪ってなに？

佐藤大介

かもがわ出版

はじめに

私が北海道の小さな町にある中学校に通っていたころ、社会科の授業中に、先生が死刑について話をしてくれたことがありました。その先生は、教員になる前は検察庁に事務職として勤めており、それまでにも、出会った被告人のことや、検察官から高飛車な態度であれこれ指示されて不愉快な思いをしたといったことを話題にしていましたが、死刑のことに触れたのはその時だけだったと思います。

先生は「悪いことをした人は死刑になる。それは仕方のないことかもしれない。でも、死刑ってとっても残酷《ざんこく》なものでもあるんだ」と語ってから、首に手を当てて吊《つ》るされる仕草をして、こう話を続けました。

「さっきまで普通に話をしていた人が、ほんの少し時間がたったら手足を縛られて目隠しをされ、首を吊るされて、鼻や口からは鼻汁や血が出ている。検察庁や刑務所の人でも、死刑は嫌だっていう人がいたほどだよ」

先生がなぜ、この時にそんな話をしたのかはわかりません。その話が、検察庁に勤めていた時に先生が直接見聞きしたものなのか、死刑に関わった人から聞いたのかも知るよしはありません。ただ、先生がいつもとは違った重苦しい口調で話をしてくれたことを、40年ほどが過ぎたいまでもはっきりと覚えています。

当時の私は、死刑制度について関心を持っていました。1980年代には「免田《めんだ》事件」や「財田川《さいたがわ》事件」など、死刑判決の確定した死刑囚が裁判をやり直す「再審《さいしん》」によって冤罪《えんざい》（無実の罪であること）が証明され、釈放《しゃくほう》されるニュースが相次ぎました。また、終戦間もない1948年に、東京都内の銀行で12人が毒物で殺害された「帝銀《ていぎん》事件」の犯人とされ、死刑が確定した後も無実を訴えていた平沢貞通《さだみち》氏が、95歳で獄中死したのもこのころでした。

そうしたニュースが友人やまわりの大人たちの間で話題になることはありませんでしたが、私にとっては別世界の話とは思えなかったのです。同じ社会に生きる人間が、犯してもいない罪を着せられて生命を奪われようとしていたこと、そして何十年も無実を訴えながら獄中で死を迎えた人がいたこと。その事実は、まだ「世の中」というものを漠然《ばくぜん》としかイメージできていなかった私に、言葉にならない恐ろしさと怒りを植えつけました。

それから、死刑や冤罪に関する本を読むようになったのですが、先生が死刑の話をしてくれたのはまさにそのような時期でした。本やニュースとは違ったリアルな話が、記憶に強く焼きついたのだと思います。

その後、高校から大学へと進み、卒業後に新聞記者となって30年になります。記者としてさまざまな現場に立ち、主に国際ニュースの分野で多くの仕事をしました。その間も、死刑を自分にとっての取材テーマとして関心を抱き続け、記事を書いてきました。しかし、この間ずっと変わらないのは、日本には死刑制度があり、死刑の執行が毎年のように続けられていることです。「国家が人の生命を奪うことは許されるのか」「無実の人が死刑になる可能性はなくならないのではないか」。小学生から中学生のころに抱いた疑問は、いまも解決していないままです。

私たちが暮らす社会では、国という「人の集まり」のルールとして法律が定められています。そのルールである法律に反することをした場合は「罪を犯した」ことになり、それが裁判で認められた場合には、罪を犯した人には刑罰が科せられることになります。

刑罰とは、有罪の判決を受けた人に対して、生命や自由、財産を強制的に奪うことです。日本では刑罰の種類として、罰金刑などのほかに、身柄を拘束されて刑務所に収容される懲役《ちょうえき》刑や禁錮《きんこ》刑があります。懲役刑や禁錮刑は最長で30年の有期と、期間の決められていない無期に分かれますが、その間を刑務所で過ごして罪を償《つぐな》い、社会に復帰することを前提としています（2025年1月からは、懲役刑と禁錮刑を一本化して「拘禁《こうきん》刑」が創設されます)。

しかし、刑罰の種類はそれだけではありません。その中には、強制的に生命を奪う刑があります。それが死刑です。死刑は罪を犯した人を再び社会に復帰させることなく、国家が法律によって合法的に命を奪う、すなわち「殺す」ことのできる重大な刑罰です。それゆえに、死刑は「極刑《きょっけい》」または「生命刑」とも呼ばれます。

法務省が毎年作成している「行刑統計年報」などによると、1945年から2023年までに日本では718人が死刑によって命を奪われています。一方、死刑判決が確定し刑事施設に収容されている「確定死刑囚」は、2024年9月現在で107人います。日本はほぼ毎年死刑を執行し、裁判所で死刑判決が下されています。死刑は決して遠い国の話ではなく、私たちの社会で法律によって定められ、執行が続けられている現実の制度なのです。

では、人の生命を奪うというきわめて厳しい刑罰が、なぜ存在しているのでしょうか。「殺人など重い罪を犯した人は、自らの生命を奪われても当然だ」といった、悪事に対する報《むく》いとの考えもあるでしょう。または「愛する家族や友人を奪われた被害者の感情を考えれば、死刑はなくてはならない」という声も聞かれます。テロや連続殺人といった凶悪犯罪を防ぐため、抑止《よくし》効果に期待する意見もあると思います。日本の政府はこうした考えを背景に、死刑制度を維持し、続けてきているのです。

一方で、日本も同意している国際人権規約（自由権規約）に「すべての人間は、生命に対する固有の権利を有する」と記されているように、自らの生命を守ることは基本的人権の核をなす権利です。日本国憲法でも、第13条に「すべて国民は、個人として尊重される。生命、自由及び幸福追求に対する国民の権利については、公共の福祉に反しない限り、立法その他の国政の上で、最大の尊重を必要とする」と書かれています。

第11条では、基本的人権が「侵すことのできない永久の権利」であると明記されているように、生命を恣意《しい》的に奪うことは決して許されません。「一人の命は地球よりも重い」という言葉がありますが、そうした基本的人権を尊重する考えが近代国家の礎《いしずえ》となっているのです。

ここで、私たちは「重い罪を犯した人は、基本的人権の核である生命を奪われてもいいのか」という、大きな問題に直面することになります。個々の生命がとても重要で、誰も奪う権利を持っていない、という基本的な考えには誰しもが賛成することでしょう。死刑を認めるということは、そこに例外をつくることになります。

誘拐殺人や大量殺人など、非情で残忍な事件を目の当たりにした時、人びとは犯人に対して怒りと憎悪を向け、被害者や遺族には深い同情の念を抱きます。それは当然の感情だと思います。しかし、そこから「そんな犯人はすぐに死刑にしてしまえ」となるのは、あまりにも乱暴な考え方といえるでしょう。なぜなら、私たちの社会で起きた事件である以上、その原因や背景を十分に検証し、考えることが必要だからです。

「ルールを破ったのだから、この世から消えろ」ではなく、なぜルールを破る事態が起きたのかを社会が共有しなければ、同じような悲劇がまた繰り返されるだけではないでしょうか。

日本弁護士連合会（日弁連）は2016年に発表した「死刑制度の廃止を含む刑罰制度全体の改革を求める宣言」の中で、こう記しています。

「犯罪が起こったとき、我々は、これにどう向き合うべきなのか。そして、どうすれば、人は罪を悔いて、再び罪を犯さないことができるのだろうか。

悲惨な犯罪被害者・遺族のための施策は、犯罪被害者・遺族が、被害を受けたときから、必要な支援を途切れることなく受けることができるようなものでなければならず、その支援は、社会全体の責務である。また、犯罪により命が奪われた場合、失われた命は二度と戻ってこない。このような犯罪は決して許されるものではなく、遺族が厳罰を望むことは、ごく自然なことである。

一方で、生まれながらの犯罪者はおらず、犯罪者となってしまった人の多くは、家庭、経済、教育、地域等における様々な環境や差別が一因となって犯罪に至っている。そして、人は、時に人間性を失い残酷な罪を犯すことがあっても、適切な働き掛けと本人の気づきにより、罪を悔い、変わり得る存在であることも、私たちの刑事弁護の実践において、日々痛感するところである。

このように考えたとき、刑罰制度は、犯罪への応報であることにとどまらず、罪を犯した人を人間として尊重することを基本とし、その人間性の回復と、自由な社会への社会復帰と社会的包摂（ソーシャル・インクルージョン）の達成に資するものでなければならない」

重大な犯罪が起きた原因の根本を社会に求め、人間は「変わり得る存在」であると強調したこの宣言の意味は、とても大きいと思います。凶悪な犯罪には怒りと悲しみを覚える一方で、死刑は人間が「変わり得る」ということを否定し、社会から排除する制度ではないかという疑問が、私の中でぬぐえません。

日本の死刑制度について取材をしながら、私が常に感じているのは「秘密主義」の側面です。詳しいことは本書の中で触れたいと思いますが、日本政府は死刑に関する情報をほとんど公開していません。米国にも死刑制度があり（州によっては廃止しています）、執行もされていますが、情報公開など、その運用は日本と大きく異なります。

問題は、日本政府が死刑に関する情報をほとんど公開していないのにもかかわらず、死刑制度を世論の多数が支持しているとし、執行を続ける論拠の一つにしていることです。情報が公開されていない中で、その是非を判断することができないのはいうまでもありません。情報がないのだから、議論が低調なのも当然でしょう。なぜ、日本政府は死刑に関する情報を隠したがるのでしょうか。

この本では、取材を通して感じた死刑制度に関する疑問について、それらを読者の皆さんに投げかける形で進めていきたいと考えています。私は死刑制度について否定的な意見を持っていますが、ここではそれを前に出すことはせず、データや資料を示しながら一緒に考えていきたいと思います。もちろん、私の考えがにじんでしまうところもあるかもしれませんが、どのような結論を見出すかは皆さん次第です。

事実関係に基づいた議論をすることが、死刑制度を考える第一歩となると願いながら、それぞれの章に入っていきたいと思います。

中高生から考える死刑制度——死に値する罪ってなに？

目次

東京拘置所（写真提供：共同通信社）

装幀　伊勢功治

中高生から考える死刑制度——死に値する罪ってなに？

第1章　日本の死刑はどうなっているのか

死刑とはなにか

日本は死刑制度があり、執行も続けている「死刑存置《そんち》国」です。このことは、日本で罪を犯した人は誰でも、法律によって死刑に処される可能性があるということを意味します。

では、死刑とはどういった刑罰でしょうか。さまざまないい方があるかと思いますが、突き詰めていえば「国家による合法的な殺人」にほかなりません。一般的にAがBを殺した場合は、Aは法律に基づいて処罰されます。しかし、Bが死刑判決の確定した人物であれば、そこに例外が生じます。

Bの死刑が執行される時、そこに関わる人たちが罪に問われることはありません。絞首《こうしゅ》の縄を首にかけたり、海外であれば銃殺の引き金を引いたり、薬物注射の針を腕に刺したりすることなどは、法に則った正当な権力の行使だからです。

日本が死刑存置国である以上、その国民は「合法的な殺人」に関わっていることになります。自らが直接手をかけて、死刑囚の命を奪っているわけではないにしろ、死刑執行に関わる刑務官や立ち合いの検察官などは公務員であり、執行に関わる費用の一切が税金によって賄《まかな》われています。

私たちは、執行を刑務官に担わせているのであり、納税者として死刑の当事者であるともいえるのです。「私は死刑になんか関係していない」と思う人もいるでしょうが、当事者としての視点を持つことは、死刑を考えるうえで重要なことだと思います。

これについてヒントとなるのが、今井恭平氏の小説『クロカミ The Black Slip――国民死刑執行法』（現代人文社、2008年）です。死刑執行人が無作為抽出で選ばれるという設定で、主人公に執行人としての出頭を求める「クロカミ」が届いてからの、心の葛藤を描いた作品です。「国民死刑執行法」によって、選挙人名簿から死刑執行人候補者が無作為に選出されるのですが、その理由は以下のように語られています。

「死刑は殺人と同じだという人がいます。それは違います。殺人とは人が人を殺すことです。死刑は、国家が人を殺すんです。国家とは法が支配することです。死刑とは、法による支配をやり遂げることです。それは逆にいえば、法を侵害すれば、その人間は法の保護から排除されるということです。そして究極的には、存在することを許されない。そうであってこそ、法による支配は最終的に守られる。そして、法による支配があるからこそ、あなたも、あなたの家族や愛する人も、安全に生活できているとすれば、法の支配を維持する義務は、すべての人が平等に負うべきではないでしょうか？　いや、これは義務というより、国民の権利です。法の支配を守ることで、自分自身や家族を守るという権利の行使です。だからこそ、国民すべてが等しく参加する機会を与えられるべきなのです」

国民の誰もが死刑執行人である、というメッセージはなかなか強烈ですが、それは死刑制度の本質を突いているともいえると思うのです。

死刑になる罪

もちろん、交通違反や窃盗《せっとう》といった軽い罪で死刑になることはありません。刑法などによって死刑が適用されるのは、以下の18の犯罪に限られています。

○刑法
内乱首謀《ないらんしゅぼう》（第77条第1項第1号）、外患誘致《がいかんゆうち》（第81条）、外患援助（第82条）、現住建造物等放火（第108条）、激発物破裂（第117条第1項前段）、現住建造物等浸害（第119条）、汽車転覆等致死（第126条第3項）、往来危険による汽車転覆等致死（第127条、

第126条第3項）、水道毒物等混入致死（第146条後段）、殺人（第199条）、強盗致死（第240条後段）、強盗強制性交等致死（第241条後段）

○爆発物取締罰則

爆発物使用（第1条）

○航空の危険を生じさせる行為等の処罰に関する法律

航空機墜落等致死（第2条第3項）

○航空機の強取等の処罰に関する法律

航空機強取等致死（第2条）

○人質による強要行為等の処罰に関する法律

人質殺害（第4条）

○決闘罪ニ関スル件

決闘殺人（第3条、刑法第199条）

○組織的な犯罪の処罰及び犯罪収益の規制等に関する法律

組織的な殺人（第3条第1項第3号、第2項）

この中で、最も重い罪とされているのが「外患誘致」です。「外患」とは外国や外部から攻撃を受けること、「誘致」とは物事を吸い寄せるという意味があります。外国に働きかけて日本国に武力行使させたり、武力行使されると知ってそれに協力したりすることが外患誘致です。

刑法では、この罪に問われると死刑のみが適用されることになっています。ほかの死刑が適用される罪では、無期懲役や有期刑など、裁判官が死刑以外の刑を選択することができますが、外患誘致では死刑以外に選択の余地がないことになります。

もっとも、これまで外患誘致罪が適用されたことは、これまで一度もありません。死刑判決は殺人や強盗殺人など、誰かを殺害した罪に対して下されているのが現状です。

死を待つ存在

罪を犯した疑いのある人が警察などの捜査《そうさ》機関によって逮捕され、検察官の取り調べを受けて起訴《きそ》されると、被告人として裁判を受けることになります。起訴内容が死刑を適用できる罪であれば、犯行の内容などによって検察官は死刑を求刑する可能性があります。

その後、裁判官が弁護人や被告本人の意見を聴いたうえで、量刑を判断して判決をいい渡します。求刑は死刑で、判決も死刑となる場合もあれば、被告人に有利となる事情を考慮して（これを「情状酌量《じょうじょうしゃくりょう》」といいます）刑を軽減し、無期懲役《ちょうえき》や有期刑を下すこともあります。被告人が無実を主張し、検察官の立証が不十分な場合には、無罪判決もあり得ます。

いずれにせよ、求刑や判決で死刑が取り沙汰される裁判は、ほとんどが大量殺人など世間を騒がせた凶悪な事件についてなので、新聞やテレビ、インターネットなどを通じてニュースを知ることも多いと思います。

日本は地方裁判所、高等裁判所、最高裁判所で判断する「三審制《さんしんせい》」をとっており、地方裁判所での判決が不服であれば高等裁判所に控訴《こうそ》し、そこでも判決が覆らない場合は最高裁判所に上告《じょうこく》できます。

最高裁が上告を棄却《ききゃく》したり、被告人自らが控訴や上告を取り下げたりした場合、判決が確定します。判決が死刑であれば、その時点で被告人は「確定死刑囚《しゅう》」となります。一般に「死刑囚」と呼ばれる人たちは、この「確定死刑囚」のことを指します（以降は、確定死刑囚のことを「死刑囚」と記すこととします）。

死刑囚になれば、刑が執行されるのを待つ、つまりは死を待つ立場となります。再審請求や、裁判によらずに有罪判決の効力をなくす「恩赦《おんしゃ》」の可能性を残しながらも、死刑囚に犯した罪を受け入れさせ、静かに死を迎えさせることを基本として日々が管理されます。被告人の時とは一変して外部との面会や手紙のやりとりが極端に制限されるのも、社会から隔離することで心を落ち着かせようとするのが目的です。

この問題点については後で詳しく述べることにしますが、死刑囚になればメディアに意見を述べることはきわめて困難になり、その様子が報じられることもほとんどなくなります。

では、死刑囚はどういった生活を送っているのでしょうか。

死刑囚の日常

死刑囚はどこに収容されているかを知っている人は、意外に少ないと思います。「刑務所にいる」と思っている人が多いかもしれませんが、正しくは「拘置所《こうちしょ》」です。

刑務所と拘置所の違いは、刑務所は刑の確定した人が過ごす場所あるのに対し、拘置所は裁判中などで刑が確定していない状態で、証拠隠滅《いんめつ》や逃亡の恐れなどがあることから身柄を拘束されている人（「未決拘禁者」といいます）がいる場所です。

死刑囚は、死刑という判決が確定したのに、なぜ刑務所ではなく拘置所にいるのでしょうか。それは、死刑が「刑によって生命を絶たれる」という刑罰だからです。

言葉どおりに解釈すれば、死刑囚は絞首台の上に立ち、執行のボタンが押され首を吊られて絶命した時点で初めて「受刑した」ことになり、それまでは刑を受ける前の状態にあるということになります。つまり、執行の時まで死刑囚は「未決拘禁者」であるといえるのです。死刑囚が刑務所ではなく拘置所に収容されている理由は、そこにあります。

死刑囚は、札幌拘置支所、仙台拘置支所、東京拘置所、名古屋拘置所、大阪拘置所、広島拘置所、福岡拘置所のいずれかに収容されており、そこには絞首による死刑執行施設があります。死刑囚はそこで、まさに「死と隣り合わせ」の日々を送っているのです。

「刑事収容施設及び被収容者等の処遇に関する法律」（刑事施設処遇法）では「死刑確定者の処遇の原則」として「死刑確定者の処遇に当たっては、その者が心情の安定を得られるようにすることに留意するものとする」（32条）と記しています。処遇とは、拘置所内での死刑囚の管理の仕方を意味します。また「死刑確定者に対しては、必要に応じ、民間の篤志家《とくしか》の協力を求め、その心情の安定に資すると認められる助言、講話その他の措置を執るものとする」（同）ともされています。

また、同法の36条では「死刑確定者の処遇の態様」として、居室は「単独室」とし、処遇は「居室外において行うことが適当と認める場合を除き、昼夜、居室において行う」となっています。死刑囚同士が拘置所内で接触することも、原則として許されていません。ここからは、死刑囚が孤独な環境の中で過ごしていることがわかります。

最も多くの死刑囚を収容しているのが、東京都葛飾区小菅《こすげ》にある東京拘置所です。2012年3月に、地下2階、地上12階で延べ床面積が約9万平方メートルの新施設が完成しましたが、電車から見えるその外観は、まるで巨大なオフィスビルのようです。

以前は、高さ5メートルほどの外壁が周囲を取り囲んでいたので、いかにも「塀の中」というイメージがありましたが、圧迫感をなくすために撤去され、フェンスのみが設置されています。

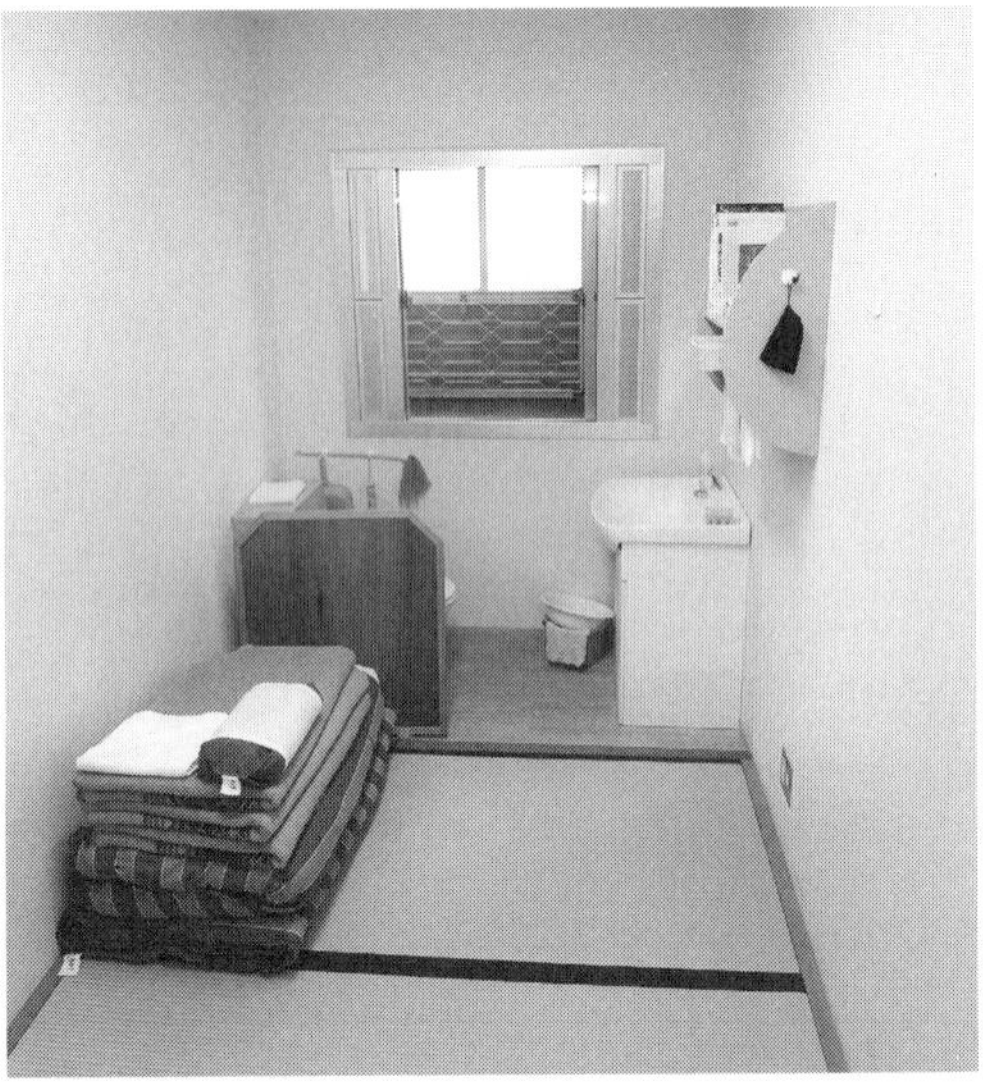
東京拘置所の単独室。外の景色を見ることはできず、外部とは遮断された空間になっている（写真提供：共同通信社）

新施設が完成して間もない2012年10月に、東京拘置所の内部を取材で訪れたことがあります。この時、死刑囚の収容されているのと同じ「単独室」も見ることができました。単独室には3畳間と1畳分の板敷きトイレと洗面台があり、建物の外壁から約1・5メートル内側に設置されています。自殺防止のため、洗面台の鏡は割れないフィルム式で、壁のフックも一定の重さがかかれば外れる仕組みになっていました。

単独室は、通路を挟んで「部屋の中の部屋」といった構造になっています。特殊ガラスで作られた窓には格子はありませんが、そこから見えるのは通路の先にある曇りガラスとよろい戸のみで、外の景色を見ることはできません。電車や車の音もまったく聞こえず、外部とは遮断された空間になっており、言葉にならない心理的な圧迫感を覚えました。

拘置所には、死刑囚がまとめて収容されている「死刑囚棟」があるというイメージがあるかもしれません。実際には一般の収容者と混ざり合う形で、分散して収容されているのです。死刑囚の入る部屋はいずれも奇数番号で、常時行動を監視するカメラが取りつけられていることが少なくありません。

自殺や自傷行為を予防するための措置とされていますが、死刑囚は着替えやトイレも見られていることになり、過去には死刑囚が、精神的苦痛を訴えて国を提訴したケースもあります。

午前7時　起床
午前7時25分　朝食
午前11時50分　昼食
午後4時20分　夕食
午後5時　仮就寝
午後9時　就寝

運動……1日30分（屋上の運動場にて）
入浴……夏・週3回、冬・週2回
※すべて単独

死刑囚の一日

ここに収容されている死刑囚の一日は、ほかの未決拘禁者の生活と基本的に変わりません。午前7時に起床し、7時25分に朝食、11時50分に昼食をとり、午後4時20分には夕食です。午後5時には、照明を暗くはしないけれど寝るのは可能となる「仮就寝」の時間となり、午後9時には就寝となります。ただ、いずれの行動も死刑囚がほかの収容者と交わることがないようになっています。

運動は1日30分で、屋上にある運動場でおこないます。一般の収容者は10人ほどを集めた場所で運動をしますが、死刑囚は細長い1人用の運動場があてがわれます。中に入ってみると、金網の上に広がる空が見えるだけです。外がほとんど見えない単独室よりはいいでしょうが、運動場と聞いてイメージする解放感はありません。ここで爪切りをすることもできます。

入浴は夏が週3回、冬は週2回で、ここでも死刑囚は小さな浴槽とシャワーのある1人用の浴室を使います。居室ではラジオを聴くことはできますが、テレビを見ることはできません。ただし、死刑囚には定期的にビデオ鑑賞がおこなわれます。その時間になると、刑務官がテレビとDVDプレイヤーを単独室に運んできます。

一般の収容者の部屋に間違ってテレビとDVDプレイヤーが運び込まれ、刑務官が慌てて隣の部屋に持っていったことから、隣室には死刑囚がいると気づいたという元収容者のエピソードもあります。

外部との隔絶

死刑囚の処遇について、刑事施設処遇法32条の「死刑確定者の処遇の原則」では「心情の安定を得られるようにする」と定められていると、先ほど説明しました。日本の法務省は、この「心情の安定」を理由に、死刑囚を可能なかぎり外部から隔絶させ、接触させない方針をとっています。

被告人の段階では、裁判所によって接見《せっけん》禁止命令が出ている場合を除いて、面会や手紙のやりとりといった「外部交通」は、基本的に自由です。しかし、死刑囚になると外部交通は特別の許可がないかぎり、①親族、②重大な利害に係る用務の処理のため面会することが必要な者、③心情の安定に資すると認められる者、に制限されます。

②は婚姻《こんいん》や訴訟《そしょう》、事業のために面会が必要な人を指します。③はきわめてあいまいな表現で、長年の支援者や身元引受人などが対象となり得ますが、明確な基準はなく、それぞれの施設の長が判断することになっています。

「心情の安定」は、友人と面会することと受け止める死刑囚もいれば、ジャーナリストに意見を述べることと考える死刑囚もいるでしょう。しかし、友人やジャーナリストが面会や手紙のやりとりを申請しても、認められることはまずありません。理由も「(面会や手紙をやりとりする)対象として該当しない」と、書面で示されるだけです。

そこからは、面会や文通は死刑囚の「心情の安定」を乱し、静かに死を受け入れさせることを妨げるという、法務省側の意図が見てとれます。

私が取材を通して知るかぎり、法務省や各拘置所が、それぞれの死刑囚にとっての「心情の安定」とはなにかを調査し、把握するようなことはしていません。なにが「心情の安定」をもたらすかの基準もなく、一律に「外部交通を厳しく制限するための口実」とされているのが現実だと思います。

この「心情の安定」は、後ほど扱う「死刑と情報公開」の問題でも、死刑に関する情報を明らかにしない理由として、法務省が頻繁に用いている言葉です。

自分たちの都合ではなく、あくまで死刑囚を思ってのことと論理をすり替えているところに、法務省の巧妙さを感じずにはいられません。その理由は後ほど説明します。死刑囚は「心情の安定」を理由に、外部の人と面会や手紙を交わす機会を制限され、拘置所内では刑務官以外と言葉を交わすことも禁じられています。そのため何年も会話の機会がなく、失語症のような症状に陥《おちい》る死刑囚もいます。

ある死刑囚は、支援者に寄せた手紙の中で「死刑囚は執行で生命を奪われるが、死刑が確定すれば社会との接触が絶たれ、執行の前にその存在が社会から抹殺される」と記していました。日本における死刑囚の処遇は、同じく現在も死刑執行を続けている米国などと比べても、きわめて厳しく閉鎖的なものといえます。

「衛生夫」の見た死刑囚

死刑判決が確定すると、死刑囚は外部との接触が厳しく制限され、許可された親族や友人など許可された人以外とは面会や手紙のやりとりはできない状況に置かれます。そのため、死刑囚が拘置所内でどういった生活を送っているかを知るのは困難になりますが、刑務官以外でその姿を間近に見ることができる数少ない関係者の一人が「衛生夫」です。

衛生夫は、判決で懲役刑が確定した受刑者のなかから選ばれ、刑務所ではなく拘置所で被収容者の身のまわりの世話や食事の準備、配膳、清掃などの雑務をこなします。初犯で凶悪犯罪によって服役しておらず、一定程度の学力を有している人物が対象とされ、東京拘置所にもうち200人ほどが衛生夫として労務に服しているとされますが、その一部が死刑囚の収容されている階に配置されています。

死刑囚のいる階で衛生夫として配置されたことのある男性に取材をしたことがあります。男性によると、死刑囚のいる階は「ブルーゾーン」と呼ばれ、刑務官の中でもベテランの職員が担当していました。男性の配置された階には66の単独室があり、そのうち30ほどに死刑囚が収容されていました。死刑囚は奇数番号の単独室に入れられ、偶数番号には検察の特捜部の案件など重要な事件の被告が入っていることが多かったといいます。

死刑囚は逃亡や自殺を防ぐため、半年に一度ほどのペースで単独室が変わります。多くの死刑囚は裁判の書類や本などたくさんの私物を置いており、単独室に持ち込んでいい量が規定より多くても、大目に見られていたそうです。男性は「精神的なダメージはわからないけれど、死刑が確定しても自分たちはやっていないといったり、ふんぞりかえってあだこうだいったりする人が多かった」といいます。

男性が担当した棟には、静岡地裁の再審開始決定で2014年3月に東京拘置所から釈放された袴田《はかま》巖《だいわお》さんも収容されていました。

袴田さんには単独室の中に持ち物はほとんどなく、本や新聞も読まず、差し入れもほとんど断わり、事件や裁判に関する資料も皆無でした。単独室の中で、袴田さんは不自由なひざをさすりながら、入り口から奥にかけて歩き続けることが多かったそうです。つぶやくこともなく、淡々とした表情で、ただ黙々と歩いていていました。

死刑確定前の袴田さんは、拘置所内でシャドーボクシングをしていたこともあったそうですが、男性は「そんな様子は一切見たことがないし、話に聞いたこともない」とのことでした。袴田さんは刑務官や幹部から「特別扱いされていた」そうですが、その理由は「病気などで、刑の執行前に拘置所側の不手際で死なせたくないので、過敏なほど注意を払っていた」からなのだそうです。

「自分がなぜここにいるのか考えたくないし、考えないようにしている。その代わりに、いまの生活をどう謳歌《おうか》するかを考えている。ここが自分の中の世界で、それをどう満足させるかが最も重要なのです」。男性は、袴田さんの日常を見て、そうした思いを感じとったといいます。

「死刑囚には出所というゴールがありません。だから、反省よりも、いまのことが重要になってきます。衛生夫になった当初は、作業している時は背後に注意しろと、刑務官にいわれました。死刑囚に、はしで刺されるかもしれないからです。そうしても、死刑囚に怖いものはないんですよ。死を意識することはあるだろうけれど、中で、自分の人生を謳歌することしか考えていないんです」
死刑囚と過ごした日々を、男性はそう振り返っていました。

死刑の範囲

死刑囚は、面会や文通などを制限され、外部から隔絶された環境に置かれますが、ここで考えなくてはならないのは、死刑囚は「刑によって死ぬこと」で刑に服したことになり、それまでは「未決拘禁者」に準じることから拘置所に収容されているという点です。

拘置所に収容されている未決拘禁者は、面会や手紙のやりとりが原則として自由なのも、まだ刑に服していないからです。死刑囚がそれに準じる立場なのであれば、外部交通を制限すべきではないとの考え方も成り立つはずです。

また、死刑執行の実際を説明するところでも触れますが、死刑囚は直前まで執行されることを知らされず、恐怖におびえながら日々を送ることにもなります。外部との接触を絶たれ、いつ訪れるかわからない死と向き合いながら拘置所の単独室で過ごすのも、「死刑」という刑罰の中に含まれるのでしょうか。

「死刑になるような罪を犯したのだから、それくらいの恐怖を味わわせるのは当然だ」という意見もあるかと思います。しかし、それはあまりに非人道的だという批判もあります。

1966年に静岡県内で起きた強盗殺人事件の容疑者として逮捕され、1980年に死刑が確定した袴田巖さんは、2014年に静岡地方裁判所が下した再審開始決定と即時釈放命令によって48年ぶりに自由の身となりました。しかし、死刑囚として30年以上、孤独と執行の恐怖を味わう中で袴田さんの精神はむしばまれ、妄想《もうそう》などによって意思の疎通が難しい状態になってしまいました。

無実を訴える袴田さんにとって「心情の安定」は、無実を信じて支えようとする外部の人たちの力が大きかったはずです。しかし、それらはおとなしく死を受け入れるという意味での「心情の安定」には当たらないとして、法務省は面会などを許さず、孤独を強いてきました。

この事実だけでも、日本での死刑囚に対する処遇には大きな問題があることを示しているといえるのではないでしょうか。

実は、日本は少なくとも1970年代まで死刑囚に対する死刑執行の告知を前日までにおこない、家族との面会も許されていました。死刑執行の告知に関する法令はなく、各拘置所長の判断に委ねられているというのが建前になっていますが、現在の処遇とは大きく異なります。

私が取材した元刑務官の男性は、1970年代に勤務していた東日本のある拘置所で、翌日に死刑執行されるのを控えた死刑囚が、拘置所からの電報で駆けつけた妻と面会する様子をはっきりと覚えていました。死刑囚の妻は、会議室のような部屋に置かれたテーブルに向き合って座す死刑囚の手を握り、ただただ涙を流していたといいます。

当時、死刑囚のいる拘置所では、運動や俳句などを通じた死刑囚同士の交流が認められていました。布を丸めてボールを作り、死刑囚が運動場に集まって野球を楽しんでいたともいいます。元刑務官の男性は「房内で小鳥を飼い、花を育てる死刑囚もいました。いまと比べて人間的な処遇だったと思います」とも話しています。

現在は、死刑囚の面会はアクリル板越しにおこなわれるために手を握ることはできず、死刑執行の告知も1～2時間前にされるため、親族などと最期の別れをすることもできません。

法務省は「事前に告知すれば、本人の心情に著しく害を及ぼすおそれがある」として、前日に告知して死刑囚が自殺したケースがあると説明しています。しかし、方針変更の時期などは明らかにしておらず、詳しいことはわからないままです。

死刑制度に詳しい関西大法学部教授の永田憲史《けんじ》さんは、死刑囚が孤独の中で執行の恐怖におびえる日々を送ることになる現在の処遇について「生命を奪うこと以外、死刑囚への負担はできるかぎり小さくすべき」と、批判しています。

死刑制度について、永田さんは基本的に賛成の立場です。そのうえで、死刑制度には「国家は人を殺すなといいつつ、刑罰として殺すという矛盾がある」と指摘しています。

その矛盾を小さくするため、死刑囚に与える恐怖や苦痛は最小限にし、生命を奪うことだけにとどめるべきだと考えています。

永田さんは、こういいます。「被害者を苦しめた死刑囚に恐怖や苦痛を与えるのは当然、という意見はもっともだと思います。しかし、それを国家が刑罰としておこなうことには賛成できません」。米国では、死刑囚が絶命するまでの苦痛を少なくするため、執行方法が絞首刑から電気椅子、薬物注射へと変わっていきました。外部との面会や文通も認められており、永田さんは「日本は米国の2周か、それ以上遅れている」とも話しています。

２０２１年11月には、死刑の当日告知は不服を申し立てることができず違法だとして、死刑囚２人が大阪地裁に訴えを起こしました。原告代理人の弁護士は「死刑囚は、毎朝死ぬかもしれないとおびえており、きわめて非人間的だ」と批判しましたが、２０２４年４月の判決は「死刑囚は現行の運用を含めた刑の執行を甘受する義務がある」と、訴えを退けています。

「死刑」とは、死刑囚の生命を奪うことのほかに、どういった権利を奪う刑罰なのか。大阪地裁の判決は、その問題について正面から検討したものではありませんでした。死刑の是非とは別に、そのことをきちんと議論し、処遇に反映させる必要があると、私は考えています。

死刑の歴史

死刑執行の実態についてなど、さらに詳しく考えを進めていく前に、日本の死刑制度の歴史についても振り返ってみたいと思います。

テレビの時代劇では、悪に手を染めて捕らえられた登場人物が、奉行所《ぶぎょうしょ》の「お白州《しらす》」(中庭にある裁きをおこなう場所)に引き立てられ、奉行から「打ち首獄門《ごくもん》を申しつける」などといい渡される場面が出てきます。現在でいえば、被告人が法廷で死刑判決を受けているシーン、ということになります。実際、そうした罪人はあまり時を置かずに刑場へと連れていかれ、そこで斬首《ざんしゅ》(首を斬《き》り落とすこと)などの方式で処刑されました。

東京・荒川区にJR常磐《じょうばん》線と東京メトロ日比谷線が交差する南千住駅があります。駅のすぐそばにある「延命寺」という寺には、高さ4メートルほどの大きな地蔵が置かれています。電車の窓からも見える地蔵には「首切地蔵」という名前がつけられています。

首切地蔵は、その場所が江戸時代から明治初期にかけて斬首などの死刑を執行していた「小塚原刑場」だったことに由来しています。そこで処刑された人たちの霊を慰めるため、1741年に建立されました。

小塚原刑場で死刑に処された人は20万人にものぼるといわれています。死刑に処された人の遺体は、家族が引き取ることを許されない場合が多く、刀の試し切りに用いられていました。延命寺がまとめた「刑場跡周辺」というパンフレットには、当時のことがこう記されています。

「埋葬とはいえ実は名のみであって、死体は取り棄てられたのと同様であったようである。土をわずかに掘ってかけておくという状態であったから、臭気がひろがり野犬が食い荒らして荒涼たる状態を呈していたのである」

なんとも恐ろしい光景です。実際に、地下鉄工事の際に一帯を掘削したところ、大量の人骨が発見されたこともありました。小塚原刑場は江戸の入口である日光街道沿いに位置していましたが、死刑に処された罪人の首がさらすことで、江戸に出入りする人たちに恐怖を植えつけ、犯罪を抑止する目的があったともいわれています。

そうしたことは100年以上前の過去の話と思うかもしれません。しかし、それが偶然なのかどうかはわかりませんが、小塚原刑場から2キロほど離れた場所には、多くの死刑囚が収容されている東京拘置所があります。死刑は、多くの人の目につく形でおこなわれていた時代から、塀の内側に死刑囚を収容し、社会から隔絶した中で執行する形に変わっていきました。

膨大な数の罪人たちが首を斬られた場所の近くに、絞首台のある東京拘置所がある。この事実に、どこか歴史の皮肉を感じてしまうのは、私だけでしょうか。

律令制度と死刑

日本における死刑の歴史は古く、刑罰制度として現れたのは5世紀前半の仁徳天皇時代だったとされています。古事記（仁徳天皇記）には「死刑（ころすつみ）」との記載があり、随書（倭国伝《わこくでん》）には「殺人強盗及姦皆死」（殺人や強盗、性犯罪はすべて死刑にする）と書かれています。

当時の死刑の執行方法は「絞《こう》」、「斬《ざん》」、「焚《ふん》」の3種類でした。絞は絞首刑、斬は斬首刑、焚は火あぶりの刑を意味します。このほか、特殊な刑として、死刑にした後に首を斬ってさらす「梟首《きょうしゅ》」というものもありました。

死刑が法律によって定められるようになったのは、701年から10世紀後半まで続いた律令制の時代でした。「律」は現在の刑法で、「令」は刑法以外の法律を指します。律には、犯してはいけない罪と、罪を犯した人に与える罰が記されています。

701年の大宝律令と757年の養老律令では、「笞《ち》」（鞭《むち》で打つ）、「杖《じょう》」（棒でたたく）、「徒《ず》」（懲役刑）、「流《る》」（島流し）、「死《し》」（死刑）の5刑が定められていました。

最高刑である「死」には、絞と斬の2種類がありました。絞は、縛りつけた死刑囚の首に縄をかけ、刑吏（死刑執行人）が左右に引っ張って窒息死させるという残酷なものでした。首と胴体を切り離せば肉体は復活することはなく、執行途中に恩赦が出されても命が助かる可能性はまずないことから、斬の方が絞より重い刑罰とされていました。その後、放火と盗賊には「格殺《かくさつ》」（殴り殺す）の刑が新たに用いられています。

死刑の執行には、天皇に報告して判断を仰ぐことが必要とされていました。また、死刑は原則として市中で公開しておこなわれていました。ただし、高い位にある者については、自宅にて自ら命を絶つことが認められていました。

こうして死刑が法律によって定められる一方で、この時期には刑を減刑する傾向も生じていました。不殺生を説く仏教の信者だった聖武天皇は、その教えに基づいて政治を行い、本来ならば死罪に当たる罪人に流罪を適用するなどの減刑措置をとったのです。

こうした影響で、平安時代になってからは810年9月に藤原仲成《ふじわらのなかなり》が死刑に処せられて後は、少なくとも高位の「朝臣」について、死刑判決が下されたとしても流罪とするようになりました。1156年に後白河天皇が源為義らに死刑を科すまでの346年間、一部の例外を除いては、死刑は事実上おこなわれなかったといわれています。

残虐化する刑罰

鎌倉時代になると、刑罰は「生命刑」、「自由刑」、「財産刑」、「栄誉刑」（武士のみに適用される、低い身分への留め置きや追放など）、「肉刑《にくけい》」（庶民のみに適用される、指などの切断や焼き印など）に分類されます。律に規定された「笞」「杖」「徒」「流」「死」の五刑の中で、鎌倉幕府が踏襲したのは「死」の斬刑と、「流」の遠流だけで、その他の刑は廃絶されました。

死刑は斬刑のみとなりましたが、重罪に対しては梟首もおこなわれていたほか、地方によっては「鋸引き《のこぎりびき》」や「磔《はりつけ》」といった執行方法もとられていました。梟首は、前述したように切断した首を人目につく所に設置した台の上に置き、人目にさらず「さらし首」のことです。首は非常に重く不安定なため、台には大きな針があり、首をこれに刺してさらしていたといいます。

鋸引きは、道端に罪人を首だけ出して体全体を地面に埋めた状態にし、竹製ののこぎりで罪人の首を挽く刑、磔は罪人を板や柱などに縛りつけ、槍《やり》などを用いて死に至らしめる刑です。いずれも残虐このうえない執行方法ですが、こうした傾向は戦国時代や安土桃山時代に入ってより進んでいくことになります。

戦国時代では、磔でも体を逆さにして固定することでより強い苦痛を与えた「逆さ磔」や、2つの車にそれぞれ罪人の片足を結びつけ、左右に車を走らせて体を引き裂く「車裂《しゃれつ》」（車ではなく牛に片足を縛り、それぞれに走らせることで体を引き裂く「牛裂き《うしざき》」もありました）、大きな釜で熱せられた湯や油に罪人を放り込む「釜煎《かまいり》」、火あぶり、串刺しなど、過酷な刑罰がおこなわれるようになりました。

釜煎は「釜ゆでの刑」ともいわれ、安土桃山時代には盗賊の首長だった石川五右衛門が処刑された方法としても知られています。豊臣秀吉の時代には、キリスト教神父の追放令が出され、多くのキリスト教徒が磔などで処刑されました。こうした残虐さの背景には、刑罰に見せしめ的な要素を強め、威嚇《いかく》の意味を持たせることで、戦乱の社会の治安を維持しようとした目的がうかがえます。

江戸時代に入っても、逆さ磔や牛裂などの残虐刑はありましたが、刑事事件に関する法典はないままでした。それまで刑罰は死刑か追放刑が基本になっていました。1742年に、享保の改革を推進した8代将軍徳川吉宗の下で、幕府の基本法典となる「公事方御定書《くじかたおさだめがき》」が定められます。初めて明文化・体系化されたのです。

死刑については「下手人《げしゅにん》」「死罪」「獄門」「磔」「鋸引き」「火焙《ひあぶ》り」の6種類と武士の切腹がありました。獄門は梟首と同じく、処刑後に首がさらされます。下手人は情状酌量の余地のある殺人に適用され、斬首はされるものの、遺体は遺族らによって埋葬されることが可能で、武士による試し切りに使われません。

一方、死罪は十両以上の盗みや不義密通をした場合で、斬首のうえ、遺体は試し切りに用いられます。獄門は主人の妻と密通などをおこなったものが対象で、市中を引き回しされた後に斬首され、首はさらされました。鋸引きは反逆罪の刑罰でしたが、実際に鋸が使われることはなく、市中引き回しのうえ、土中に首だけを出して2日間さらした後、磔にされていたといいます。

吉宗の時代以降は、罪人が瞬時に絶命するように執行方法を変更していき、死刑そのもの適用も減らしていきました。しかし、各藩においては藩主が支配を強めるために、残虐な執行方法や拷問《ごうもん》がまかり通るという状態が続いていました。各藩では、そうした情報が幕府に伝わることを恐れ、ますます残虐な方法で死刑や拷問をおこなうという悪循環に陥っていたのです。

このように、威嚇の意味も込めた厳しく残虐な執行方法による死刑を維持したまま、日本は明治を迎えることになるのです。

明治時代での変化

明治時代になり日本は近代化の時代に入りますが、刑罰については「残虐な刑を廃止すること」と「自由刑中心の刑罰体系をつくること」の2つが大きな傾向となりました。自由刑とは受刑者の身柄を拘束して刑務所などに収容し、その自由を奪う刑罰のことを意味し、命を奪う生命刑（死刑）や、むち打ちや指の切断など体を傷つける身体刑とは区別されています。

明治政府が発足した1868年の仮刑律では、新しい法律の指定まで刑罰の執行は旧幕府の公事方御定書によるとしています。しかし、死刑は、「刎《ふん》」「斬」「磔《たく》」「焚」「梟《きょう》」の5つと分類され、実際には刎と斬の2つが用いられて、ほかの方法は例外的な刑罰と位置づけられることになります。刎とは斬首のことで、斬は肩から腰にかけて斬り下ろす「袈《け》

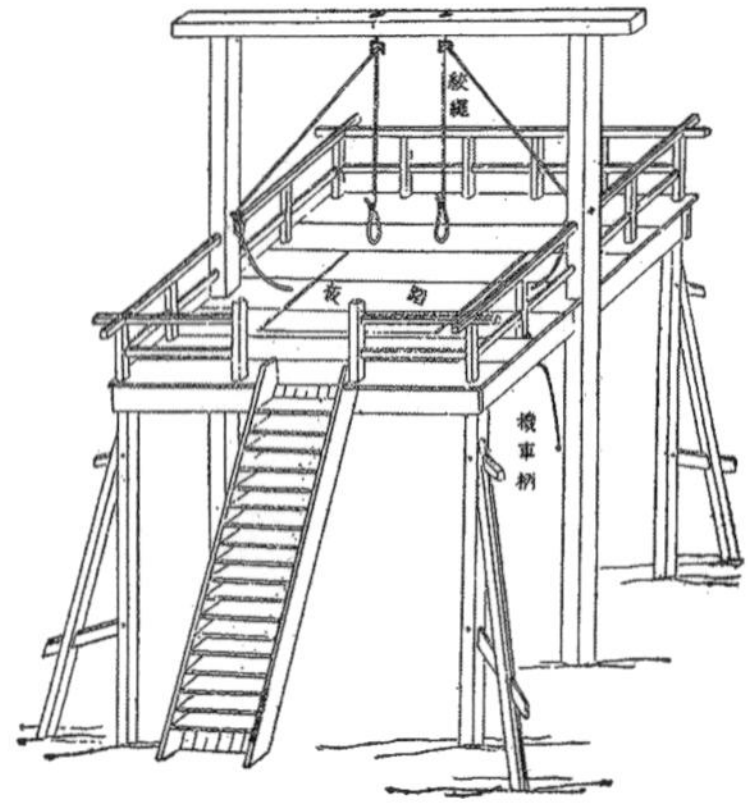

絞首刑の執行方法を定めた1873年の「太政官布告第65号」に記載されている「絞罪器械図式」。現在の日本でおこなわれている絞首刑の根拠とされている（p.42参照）

裟斬《さぎり》」を意味します。

　1870年に明治政府がつくった最初の刑法典「新律綱領《しんりつこうりょう》」が制定され、死刑の種類として「梟」「刎」のほかに「絞」が導入されます。絞首は「絞首刑」のことですが、当時の執行方法は「絞《こう》柱《ちゅう》方式」という、現在とは異なったものでした。

　絞柱は、ケヤキ柱の前に死刑囚を立たせ、首に巻いた縄を柱の穴から後ろに通し、縄の先に大小の分銅をかけると同時に、死刑囚の足の下にある踏み板を外して窒息させる方法でした。分銅の重さは、大きいもので約75キロあったといいます。しかし、死刑囚に与える苦痛が大きく、執行後に死刑囚が蘇生するケースもあったことから、3年後に新たな絞首刑の方法が導入されます。それが、現在と同じ「絞架《こうか》方式」です。

　1873年に出された「太政官《だじょうかん》布告第65号」では、絞首刑の執行方法について示され、首に縄をかけられた死刑囚の体が踏み板から落下し、吊るされた状態で死に至らしめるという、現在と同じ原理の仕組みが記されています。そこには「絞罪器械図式」としてイラストも掲載され、執行方法についても書かれています。カタカナの入った文字でやや読みづらいかもしれませんが、原文は次のようなものです。

本図死囚二人ヲ絞ス可《べ》キ装構ナリト雖《いえど》モ其《その》三人以上ノ処刑ニ用ルモ亦之《またこれ》ニ模倣シテ作リ渋墨ヲ以テ全ク塗ル可シ

凡絞刑ヲ行フニハ先《ま》ツ両手ヲ背ニ縛シ紙ニテ面ヲ掩《おほ》ヒ引テ絞架ニ登セ踏板上ニ立シメ次ニ両足ヲ縛シ次ニ絞縄ヲ首領ニ施シ其咽喉ニ当ラシメ縄ヲ穿ツトコロノ鉄鐶ヲ頂後ニ及ホシ之ヲ緊縮ス次ニ機車ノ柄ヲ挽ケハ踏板忽チ開落シテ囚身地ヲ離ル凡《およそ》一尺空ニ懸ル凡二分時死相ヲ験シテ解下ス

死刑囚の首に縄をかけて、立っている場所の踏み板を開くと地下に落下し、地面から約30センチ離れた状態で首を吊り、2分経過した後に死相を確認するという流れとなっています。これは、死刑囚を踏み板の上に立たせ、両手と両足を縛って首に縄をかけて、刑務官がボタンを押すと踏み板が外れると死刑囚が落下し、首を吊った状態になるという、現在の日本でおこなわれている絞首刑と同じ原理です。

１８７９年には太政官布告によって梟首が廃止され、１８８２年から施行された刑法によって斬首刑も廃止されて、死刑の執行方法は絞首のみに限定されることになります。

根拠は150年前の法令

太政官とは、1885年に日本で内閣制度ができる前の制度で、明治元年にあたる1868年に設置された最高行政機関です。太政官は立法・行政・司法の機能を備え、そこから出された法令を太政官布告と呼びました。現在の日本の刑法では、11条に「死刑は、刑事施設内において、絞首して執行する」と定められていますが、その根拠は、なんと150年以上前の法令にあるのです。

内閣制度ができる前の法令に、現在も効力があると考えることには無理がないでしょうか。実際に、強盗殺人事件の裁判で、その有効性が争われたことがありました。これに対し、最高裁は1961年に「明治6年太政官布告第65号絞罪器械図式は、現在法律と同一の効力を有するものとして有効に存続している」との判決を下しています。

また、2009年には国会の衆議院法務委員会で、太政官布告第65号について「いまも生きているのか」と議員が質問したところ、法務省矯正局長が先ほどの最高裁判決を引き合いに「法律としての効力を有すると判断されております」と答弁しました。

しかし、法令としては有効であっても、実際の運用は150年前とは異なります。それは、公開された東京拘置所の刑場と、太政官布告第65号で示された絞罪器械図式の刑場が違うことからも明らかです。

政府も、その点は認めています。東京拘置所の刑場と絞罪器械図式が異なる点について、2010年に国会議員が質問主意書を提出したことがありました。質問主意書とは国会議員が内閣に質問をする文書のことで、内閣にはそれに回答する義務があります。

その質問主意書の回答は「絞罪器械図式と異なる点もある」とあっさり認め、東京拘置所の刑場で踏み板から下の階の床までの高さは約4メートル、死刑囚の首にかける縄の長さは約11メートルと具体的に示しています。運用については「絞罪器械図式と変わるところはない」としながらも、何センチの高さまで落下させるかは明らかにしませんでした。

150年もの時間が流れれば、法令が定められた時とは社会環境も大きく変わっています。これまで見てきたように、日本では梟首や磔といった刑罰が存在し、時代によってはより残虐な死刑の執行方法がとられてきました。日本が近代化する中で、そうした残虐な執行方法は廃止され、明治にはイギリスを参考にして絞首刑を導入しました。時代によって死刑は変化してきたといえます。

しかし、死刑の執行方法については依然として150年前の法令を根拠とし、その当時と「異なる点」があることは認めながらも、国会で法整備をすることなく続けているのは、まさに驚くべきことだと思います。死刑という、国家が人の命を合法的に奪う究極の権力行使の場において、法律の根拠があいまいということになるからです。

2013年に、大阪高裁がこの点について言及したことがありました。放火殺人事件の裁判で、弁護側が絞首刑について「国会が100年以上も死刑の執行方式に関する法整備を怠っている状態は憲法違反で、立法の不作為《ふさくい》だ」と主張し、憲法論争を挑んだのです。「不作為」とは法律用語で、「あえて積極的な行為をしないこと」を意味します。

大阪高裁は一審の死刑を支持する判決を下しましたが、立法の不作為については「執行方法について140年以上も法整備をせずに放置し続けるのは、立法政策として決して望ましくない」という異例の言及をおこないました。これは、日本で死刑制度や執行方法のあり方について、十分な検討が進んでいないことを認めたことになります。詳しくはこの後述べていきますが、私はそこに、日本の死刑に関する根本的な問題があると思っています。

死刑のプロセス

裁判で死刑判決が確定すると、それまでの「未決の被告」という立場から死刑囚となり、法務大臣の判断によって、いつ何時にその命を絶たれるかわからない状態になります。現行の刑事訴訟法では、死刑執行の手続きに関して主に以下のような記述があります。

「死刑の執行は、法務大臣の命令による」(475条1項)

「前項の命令は、判決確定の日から六箇月以内にこれをしなければならない。但し、上訴権回復若《も》しくは再審の請求、非常上告又は恩赦の出願若しくは申出がされその手続が終了するまでの期間及び共同被告人であつた者に対する判決が確定するまでの期間は、これをその期間に算入しない」（同条2項）

「法務大臣が死刑の執行を命じたときは、五日以内にその執行をしなければならない」（476条）

475条第2項では、死刑執行は「判決確定の日から六箇月以内」を原則としています。しかし、実際にはそのような運用はなされていません。これについて法務省は、この規定は守らなくても処罰の対象とはならない「訓示《くんじ》規定」であるとし、6カ月以内に執行をしなくても違法ではないとの見解を示しています。そのため、この項は事実上、無視されているといえます。

死刑判決が確定すると、検察によって「死刑執行上申書」が作成されます。裁判所から判決の内容と公判記録が検察庁に送られるのですが、その送り先は確定判決を出した裁判所によって決まります。一審判決で確定した場合は、その判決をいい渡した地方裁判所に対応する地方検察庁に、高裁や最高裁で確定した場合は、二審の高等裁判所に対応する高等検察庁に送付されるという形です。

書類を受け取った地方検察庁の検事正、または高等検察庁の検事長は、その死刑囚に対する死刑執行のうかがいを立てる書類を法務大臣に提出します。それが「死刑執行上申書」です。A4サイズの用紙1枚で、宛先の法務大臣名と差出人の検事長または検事正の名前と印鑑の下に、「次の者に対し、下記のとおり死刑の判決が確定したから、死刑執行命令を発せられたく上申します」と記されています。

さらに、死刑囚の氏名と生年月日、年齢、職業、本籍、住所が記載され、外国人の場合は国籍も加わります。裁判で認定された罪名や判決内容などが示され、確定の日も書かれています。そのほか、収容されている拘置所へ送られた「移送の日」、「収容されている刑事施設」「共犯者の氏名およびその処分結果」「訴訟記録の冊数」といった記載項目があります。

上申書の提出は、判決の確定から6カ月以内におこなわれます。刑事訴訟法で、死刑執行の命令は「判決確定の日から六箇月以内」と定められているのを意識してのことと考えられますが、その期限は守る必要のない「訓示規定」であるとは、先ほど示した通りです。

上申書が提出されると、法務省の担当部署である刑事局は、提出元の検察庁から確定した裁判の記録を取り寄せます。書類は刑事局内で点検され、刑事局づきの検事が一人選任されて記録の内容を詳しく読み込みます。担当検事は捜査から起訴、公判、判決までの膨大な記録に目を通し、刑の執行停止、非常上告、再審や恩赦の申請などの結論が出ているか、裁判所が有罪と認定した証拠が完全に整っているかなどを確認します。

これらの書類は、死刑囚の執行を判断する唯一の資料となり、慎重な取り扱いが求められます。検察庁から法務省へ送る際も、民間の宅配業者に依頼することは決してなく、法務省の係官が直接運ぶといいます。問題点があれば死刑執行の対象から外されることになりますが、それが死刑囚本人に伝わることはありません。

上申書の提出から一定の年数が経過すると、刑事局が起案して、法務省内で執行に向けた審査や決裁がおこなわれます。担当検事から参事官、総務課長、刑事局長のルートで決裁された起案は、さらに2つのルートによって決裁が進んでいくことになります。

一つは「死刑執行について」と題された文書で、区分には「秘密」の文字が入っています。対象となる死刑囚の名前の下には、矯正局長、総務局長、成人矯正課長、さらに保護局の保護局長、総務課長、恩赦管理官と、法務省の幹部6人が印を押すようになっています。

別紙には対象となる死刑囚の氏名や罪名のほか、犯罪事実の概要の記載があります。その詳細を法務省は公表していませんが、関係者によると、死刑確定までの裁判の経緯や再審請求の有無、執行を停止すべき理由がないことなどが記されているといいます。

もう一つは「死刑事件審査結果（執行相当）」と書かれた文書です。対象となる死刑囚の名前が書かれた下には、7つの決裁枠があります。法務大臣、法務副大臣、法務事務次

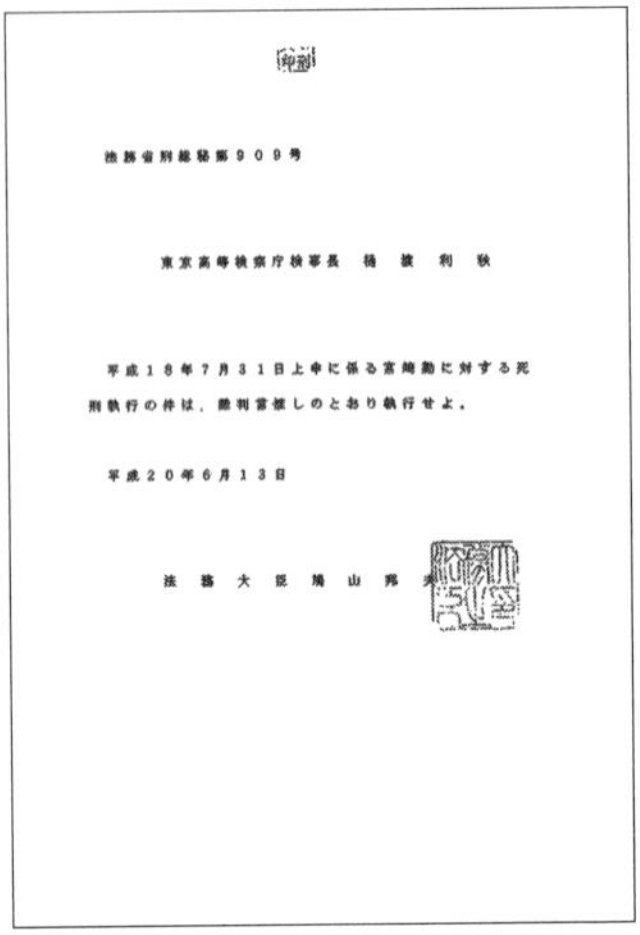

法務省刑総秘第909号

東京高等検察庁検事長　樋　渡　利　秋

平成18年7月31日上申に係る宮﨑勤に対する死刑執行の件は，裁判言渡しのとおり執行せよ。

平成20年6月13日

法　務　大　臣　鳩　山　邦　夫

東京・埼玉連続幼女誘拐殺人事件の宮崎勤・元死刑囚に対する死刑執行命令書。わずか2行の短い内容で、法務大臣が死刑執行を命じている

官、官房長、秘書課長、刑事局長、刑事局総務課長と、法務省トップの法務大臣や刑事政策に関わる部門の幹部たちが、サインまたは押印をする枠です。

決裁は刑事局総務課長から順番に上へ上がっていく流れで、最後に法務大臣がサインをします。起案段階から法務省幹部が法務大臣に死刑執行に関する説明をおこない、内諾を得た上で決裁を進めていきます。そのため、書類を受け取った法務大臣がサインを拒むというのは、基本的に考えられないといいます。

法務大臣がサインをすると、その日のうちに「死刑執行命令書」が作成されて、管轄する検察庁の検事正または検事長宛に送られます。命令書に記載されているのは「〇〇（死刑囚の名前）に対する死刑執行の件は、裁判言渡しのとおり執行せよ」という、わずか2行の文章です。日付とともに法務大臣の名前と公印が押されています。この文書によって、死刑囚は合法的に命を絶たれることになるのです。

死刑執行命令書を受け取った検察庁は、対象の死刑囚が収容されている拘置所長に「死

刑執行指揮書」を送り、死刑執行の期日を指定します。死刑執行指揮書を送った翌日か翌々日が執行期日とされており、法務大臣の決裁から4~5日ほどで死刑が執行されています。

死刑執行指揮書を受け取った拘置所は、秘密裏に死刑執行の準備を進めます。死刑執行の予定があるのを知っているのは拘置所長ら幹部数人に限られ、執行に携わる6~7人の刑務官を慎重に選びます。

私が取材した拘置所の元幹部によると、勤務態度が優秀なベテランと若手が選ばれ、妻が妊娠中であったり、家族に病気の者がいたりする場合などは対象から除かれるといいます。「明文化されてはいないが、身内になにかあった場合に『死刑に関わったからではないか』と刑務官に思わせないための配慮」と、元幹部は説明していました。

執行に携わることになった刑務官は、刑場の掃除やロープの確認、目隠しなどの準備にかかります。ロープは、死刑囚の身長や体重から計算して、執行時に地下の床から30センチほどの地点に足先が来るように調整されます。この高さは、太政官布告第65号で示されたものと共通しています。また、処遇部長など拘置所幹部は、棺桶《かんおけ》の手配や教誨師《きょうかいし》(後述)への連絡、連行時の警備態勢の確認などをおこないます。

執行される死刑囚の動静を注意深くチェックし、連行からいい渡し、遺言の作成から執行までの流れについても考えます。元幹部が「いかに恐怖や苦しみを与えずに執行をするかが重要で、そうすることが自分たちにできる死刑囚への最大の施しだと思う」と話していたのが印象的でした。関係者が緊張に包まれる中、拘置所は執行の日を迎えることになるのです。

執行の日

刑務所、拘置所などの刑事施設を運営する根拠法となる刑事施設処遇法では、第178条第1項で死刑について「刑事施設内の刑場において執行する」と記され、第2項で「日曜日、土曜日、国民の祝日に関する法律（昭和二十三年法律第百七十八号）に規定する休日、一月二日、一月三日及び十二月二十九日から十二月三十一日までの日には、死刑を執行しない」と定めています。

この法律の規定からは、死刑が年末年始を除いた平日におこなわれていることがわかります。その理由がなぜなのかはわかりませんが、死刑は木曜日が金曜日に執行されることが多く、死刑囚は週末が近づくと執行があるのではないかとおびえ、土曜日になると「この1週間も生き延びることができた」と胸をなで下ろす日々を送っているのです。

死刑が執行されるのは、午前中の早い時間です。先ほども記したように、現在は死刑囚に死刑を執行する告知は、執行の直前におこないます。平日の朝、単独室に収容されている死刑囚たちが廊下を歩く刑務官の足音に神経をとがらせるのは、いつもと違う人数の足音や動きがあれば、それが刑場に死刑囚を連行する「お迎え」ではないかと察知するからです。

以前、東京拘置所に収容されていた男性から、死刑執行当日の様子について話を聞いたことがあります。その男性は死刑囚も収容されている階にいたのですが、ある日の朝、普段はその階にはいない幹部らが姿を見せ、その階全体に緊張感が漂っていたことから、ただならぬ異変を感じたといいます。

しばらくすると、何人もの刑務官が房の前を通り、再び通り過ぎて行きました。その後、ある単独室の扉が開いたままになっており、刑務官が神妙な面持ちで中から荷物を運び出していたそうです。男性は、それを見て「死刑執行があった」と確信したといいますが、その階にいる死刑囚たちも、房内で聴ける午後のラジオ放送や新聞で執行があったことを知ることになります。

執行後、階の雰囲気はさらに重苦しいものとなり、死刑囚の中には刑務官に当たり散らす者もいれば、放心状態になる者もいるといいます。死刑執行から2日間は、普段その階を担当している刑務官のほかに、幹部職員も詰めていたそうです。自らの身にも起こる事実を目の当たりにした死刑囚が、激しく動揺する様子がうかがえます。

1960年代に福岡拘置所に収容されていた死刑囚の手記をまとめた市川悦子氏の著書『足音が近づく――死刑囚・小島繁夫の秘密通信』（立風書房、1979年［インパクト出版会より1997年に復刊〕）には、以下のような記述があります。50年以上前の記述ですが、死刑囚の置かれた立場に大きな変化はなく、その実態を知る上で貴重な資料です。

「朝の掃除を終わって間もなくのことだった。突然、廊下に大勢の靴音が高らかに鳴り響いて来たのである。お迎えだ！　お迎えに違いない！　地獄の使者のような靴音。瞬間僕の魂は震え上がった。

僕は吸い寄せられるように扉に近づいた。胴震いしながら視察孔から廊下の左の方を伺った。僕の部屋、つまり南側25房から15ｍほど離れたところに大きなつい立てがある。胸の動悸を全身に感じながら、僕はそこを必死で見ていた。

つい立ての陰から、まず私服姿の小柄な教育部長が現れた。続いて、制服の役人が10人あまりはいって来た。そのとき事務室から、係長が出てきた。係長は、教育部長を挙手の礼で迎えた。それから僕の部屋を指して、そばの看守に目配せした。

僕は息が詰まった。もう外を見ていられなくなった。僕は、弾かれたように扉のそばを離れた。首筋から背中にかけてゾッとするほど冷たいものがへばりついていた。僕は机にもたれかかるようにして座った」

執行当日の朝、対象となる死刑囚の単独室に向かうのは、教育部長ら幹部に加え、「警備隊」といわれる警備専門の屈強な刑務官たちです。死刑囚が刑場へ連行されるのを拒み、取り乱して暴れたりした際は警備隊員によって制圧され、無理やり連れて行かれることになります。

東京拘置所では、死刑囚は単独室から出されるとエレベーターで1階まで降り、そこからパーテーションで仕切られた臨時の「道」を通って刑場に向かいます。過去には、同じ階にいる死刑囚に別れの挨拶や握手をすることもあったといいますが、現在はそうした時間は許されていません。警備隊員が等間隔で立つ中を、死刑囚は刑務官に促されるまま、刑場へと歩いていきます。

絞首台のある刑場の位置は拘置所によって異なりますが、法務省は「保安上の理由」として、その詳細を明かしていません。２０１０年８月に法務省が東京拘置所の刑場を報道公開した際、取材を認められた記者たちは拘置所の用意したバスに乗り込んで刑場に通じる入口に向かったのですが、外が見えないように窓はカーテンなどで覆われ、刑場がどこにあるのかわからないようにしていました。

関係者の話によると、東京拘置所は地下に刑場があるとのことですが、詳細を知っているのは幹部やベテランの刑務官に限られています。その入口にはなんの説明書きもなく、執行の日には塩が盛られているといいます。連行されてきた死刑囚がまず通されるのは「教誨室」です。

死刑囚は僧侶やキリスト教の神父・牧師など宗教関係者と定期的に面談をすることができ、死刑囚と宗教的な話をする人のことを「教誨師」といいます。担当している死刑囚が執行されることは事前に拘置所が教誨師に伝えており、教誨室は面談を重ねてきた死刑囚と最後に話すことのできる場所となります。死刑囚の中には教誨を拒否し、素通りする人もいるといいます。

東京拘置所の教誨室はテーブルをはさんで椅子が置かれ、その宗教に合わせて仏壇や祭壇などが置かれています。教誨師は死刑囚の気持ちを落ち着かせようとしますが、当然ながら教誨師にとってもその心理的負担は大きなものです。

執行直前の死刑囚と面談したことのある教誨師は「目の前の人がおとなしく死んでもらうための役割であるなら、私も殺人に加担したことになる。そうした思いは、いまも拭えていません」と、その苦しい心中を吐露《とろ》していました。

教誨を終えた死刑囚は、入ってきたところとは別のドアから出て10メートルほどの短い廊下を歩き、縦5・8メートル、横4・2メートル、天井までの高さが3・8メートルと、やや大きめの部屋に入ります。死刑囚が拘置所長から正式に死刑執行を告げられる「前室」です。

前室には拘置所長のほか幹部、医官、立ち会いの検事、検察事務官、そして刑務官が集まっています。拘置所長が死刑執行の命令書を読み上げると、死刑囚は幹部たちと最後の会話を交わし、被害者や残された家族のために祈りを捧《ささ》げ、教誨師から最後の説教を施されます。

遺書を書くことも可能ですが、許された時間は短く、気が動転している場合もあることから、あらかじめ遺書を用意しておき、最後に一文を書き加える死刑囚も少なくありません。菓子や飲み物もすすめられますが、それを口にするかは死刑囚によってさまざまです。そうした時間が過ぎると、死刑執行に向けて動き出します。

拘置所幹部や検事らが、死刑執行を見届ける立ち会い人の席に移動するのと同時に、刑務官はそれぞれの担当につきます。刑務官が死刑囚をガーゼで目隠しし、後ろ手に手錠をかけると、前室の横にあった青のカーテンが開かれます。その先の「執行室」には、天井の滑車からロープが垂れ下がっていますが、目隠しをされた死刑囚はその光景を見ることはありません。

執行室には、中央に110センチ四方の正方形の赤枠があり、その内部に90センチ四方の「踏み板」があります。刑務官3人は、死刑囚を赤枠の中に立たせると1人が素早く両足をひもで縛り、2人がロープを首にかけて、首の左側に結び目が来るようにして軽く絞めます。執行室は厚いじゅうたんが敷かれ、刑務官の足音が響かないようになっています。

執行室の奥には「ボタン室」があります。3つのボタンを押せば踏み板が外れる仕組みになっていますが、実際に踏み板と連動しているのは1つのボタンだけです。2つはダミーで、刑務官の精神的負担を減らすことが目的ですが、執行に立ち会ったことのある元刑務官は「自分が踏み板を外したのではないかという思いは消えない」と話しており、実

東京拘置所にある死刑を執行する「刑場」。左側にある３つのボタンを３人の刑務官が同時に押すと、踏み板が開き、死刑囚は落下する。実際に踏み板とつながっているボタンは１つだけで、それは、刑務官の負担を軽減するためといわれる（写真提供：毎日新聞社）

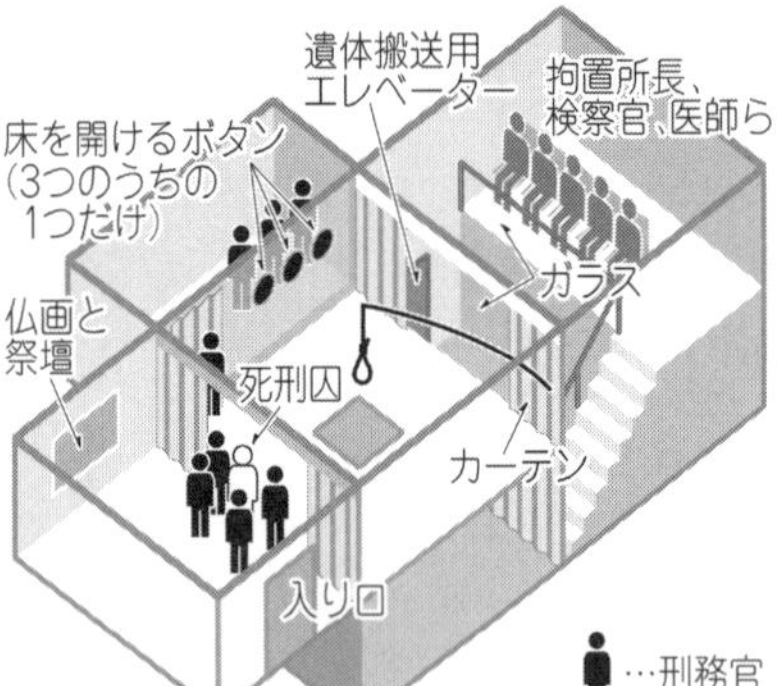

東京拘置所の刑場見取り図。教誨室から前室に連行された死刑囚は、そこで拘置所長から死刑を執行することを告げられる
※視察した元衆院議員の保坂展人氏のスケッチを基に作成（画像提供：共同通信社）

際に負担が減っているかは未知数です。

準備ができたことを確認すると、保安課長がボタンを押すよう合図を出し、３人が同時にボタンを押すと、踏み板が外れて死刑囚は地下に落ちていきます。死刑囚の首にロープがかけられてから踏み板が外れるまでは、わずか数秒程度です。立ち会い経験のある元法務省関係者は「迅速に淡々と作業が進んでいき、死刑囚や刑務官に考える時間を与えないようにしているようだった」と話しています。

死刑囚の体が落下すると、地下では刑務官２人が待機し、１人が抱きかかえるようにして反動で体が大きく揺れることを防ぎます。ロープのねじれで体が回転しないようにし、立ち会い人の方に向かせて静止させる。この「受け止め役」は刑務官に最も敬遠される仕事で、命令を受けて拒否する刑務官もいるといいます。

死刑囚の体の動きが止まり、医官が死亡を確認して死刑執行は終わります。死刑囚が落下してから死亡するまでは、約15分といわれています。立ち会いの検察官、検察事務官と拘置所長が「死刑執行始末書」にサインと捺印《なついん》をすることで、一連の手続きは終わります。

死刑囚の遺体は棺桶に収められ、事前に死刑囚が申し出ていた連絡先に電話などを入れます。肉親が遺体を引き取りに来ることもありますが、引き取りを拒否されたり、そもそもそうした人がいなかったりすることも珍しくありません。その場合は、無縁仏として供《く》養《よう》されることになります。

人を殺している実感

死刑を執行する際、最も直接的に死刑囚と関わる役割を担うのは刑務官です。執行当日、単独室から死刑囚を連れ出し、刑場まで連行して目隠しなどをし、首に縄をかけて踏み板を開くボタンを押す。さらに、吊るされた死刑囚の体が回転するのを抑え、遺体を棺桶に収容するのも刑務官が担います。それが刑務官にとって、肉体的にも精神的にも大きな負担であることは想像に難くありません。

死刑執行があった日は、拘置所の職員全体に、どこか重苦しい空気が流れるといいます。私が取材したある拘置所の幹部は「誰が執行に立ち会ったかなどは、長く務めていればだいたいわかるものですが、刑務官同士で死刑の話題に触れることはありません。触れたくないというのが正しいでしょう」と話していました。死刑は人間の命を合法的に奪う制度ですが、その担い手が刑務官という人間であることは、決して忘れてはならない事実です。

死刑執行には拘置所幹部のほか、6~7人の刑務官が関わるということを先ほど記しましたが、これまでの死刑執行の件数を考えると、相当多くの刑務官がその現場に携わったことになります。しかし、刑務官の口を通して、その実態が外部に漏れ伝わることはほとんどありません。拘置所内で見聞きしたことは口外しないという「守秘義務」の意識もあるでしょうが、私はそれだけが理由だとは思いません。

以前、執行に関わったことのある元刑務官に、その時の経験について教えてほしいと頼んだことがありました。その元刑務官は、口を固く結んで思い詰めるような表情を見せた後、絞り出すような声で「思い出したくないことなので、勘弁してほしい」といいました。それ以上問うことはしませんでしたが、死刑に関わったことがどれだけ重く、つらいことだったかを物語っていると思います。

そうした経験を語ってくれる数少ない一人が、神戸市で弁護士をしている野口善國《よしくに》さんです。野口さんは大学卒業後の1970年、法務省矯正局上級職として採用されて法務事務官となりますが、現場経験を積むため1971年に東京拘置所へ赴任します。保安課に配属され収容棟の一つを担当しますが、別の棟には死刑囚が収容されていました。その年末、野口さんは死刑執行に立ち会うことになります。

死刑が執行されることになった死刑囚は、強盗殺人の罪を犯した40代くらいの男性でした。野口さんは、その死刑囚の収容されている棟を担当していませんでしたが、死刑執行当日の朝に、死刑囚を単独室から刑場まで連行する任務を与えられました。死刑囚は4階の房からいったん屋外に出て、拘置所の北東にある刑場に向かい、黙ったまま警備隊員に誘導されていきました。

当時、東京拘置所では死刑執行は前日に死刑囚へ告知されており、その死刑囚は教誨師と話をしたり、書き物をしたりしながら最後の時間を過ごし、当日の朝も落ちついた様子だったといいます。

当時の東京拘置所は、敷地内の北東部分にコンクリートの塀で囲まれた場所があり、その中にある小さな平屋の建物が刑場でした。死刑囚と共に野口さんが中に入ると、拘置所長ら幹部職員が待機していました。死刑囚は職員らに「お世話になりました」と礼を述べて握手をした後、目隠しと手錠をされると、絞首のロープがある位置まで刑務官に誘導されながら歩いていきました。

踏み板を開くレバーが引かれると、大きな音がして死刑囚は地下に落下していきます。野口さんは「バーン！　と激しい音がして、死刑囚の体が一瞬跳ね上がったように見えた後、すぐに落下していった」といいます。開いた踏み板からはぴんと張ったロープが大きく揺れていました。野口さんはその揺れを止めようと、とっさにそのロープを握りしめました。下をのぞくと、医師が死刑囚の胸をはだけて、聴診器を当てているところでした。

「胸の辺りがどくどくと動いているように見えたんです。ロープを握りしめながら、それが無理だとはわかっていても、いまなんとかしたらこの人は助かるんじゃないかというような、そんな気持ちで見ていました」。言葉ではいい表せないような、壮絶な経験です。その時、野口さんはこう感じたといいます。

「正当な職務の執行ではあっても、人を殺している、命を奪っているという実感がありましたね」

死刑囚が落下して死亡が確認されるまで10分ほどでしたが、野口さんにはひどく長く感じられました。執行後、ぼうぜんとしている野口さんに、死刑囚の死亡を確認した医師が「死人より顔が青いぞ」と声をかけたそうです。刑務官たちは遺体をロープから外して棺桶に入れる作業に入りましたが、野口さんには命ぜられませんでした。

死刑執行に携わった経験は脳裏に焼きつき、野口さんにとって「一種のトラウマ」になっています。「何度も立ち会った幹部職員は、精神的な負担が大きいと思う」といいますが、刑務官が死刑のことを口にするのはタブーで、執行後も「お互いになかったことのような雰囲気」だったそうです。

また、先ほど紹介した東京拘置所で衛生夫をしていた男性は、死刑執行の後、その死刑囚の担当だった刑務官が「つらい」とこぼしながら、単独室の遺品を整理していた様子を強烈に覚えていました。その刑務官は、男性にこんなことを話していました。

「(執行された死刑囚は)部屋をいつもきれいにしていて、対応も素直でね。壁には子どもや家族の写真を貼って、おとなしく過ごしていた。やったことは凶悪だけど、普段接していると情は移るよ。いつも見ているのは、そんな素直なやつでしかないんだから。(執行は)ただ悲しいとしかいえない。悲惨だよ」

その死刑囚は、殺人と死体遺棄の罪で死刑が確定していました。それはもちろん憎むべき犯罪であり、被害者の方や遺族の気持ちを思うと厳しい刑を科して当然だと思います。しかし、刑務官が普段接している死刑囚との間に人間的な交流が生まれ、親しく話すことも当然あるはずです。その死刑囚が、自分の勤めている場所で強制的に命を絶たれたことに、心理的な負担を感じないのは難しいでしょう。

野口さんのように、死刑執行に直接関わった刑務官はもちろん、死刑囚と日常的に接していた刑務官にとっても、死刑執行はつらく、重いことなのです。

第2章　国際社会と死刑

世界の潮流は「死刑廃止」

国際人権団体「アムネスティ・インターナショナル」（以下、アムネスティ）の２０２３年報告書によると、１９９カ国のうち死刑廃止に分類される国は１４４カ国で、存置国の55カ国を大きく上まわります。

廃止国には、軍法下の犯罪や特異な状況における犯罪のような例外的な犯罪にのみに死刑が適用されるものの通常犯罪は廃止している国（９カ国）や、死刑制度を存置しているものの過去10年以上に執行がない「事実上の廃止国」（23カ国）も含まれます。

すべての犯罪に対して死刑を廃止したのは１１２カ国ですが、アムネスティの資料によると、１９６０年はわずか8カ国でした。それが１９９０年に46カ国となり、２０００年には75カ国にまで増え、２０１５年に１００カ国を突破します。一方、死刑を執行した国は２０００年が28カ国でしたが、２０２３年には16カ国まで減っています。数字から見て、死刑廃止が世界の潮流であることは間違いありません。

２０２３年には、パキスタンで薬物関連犯罪に死刑を科すことが廃止されたほか、マレーシアでは薬物密売や殺人、テロ、誘拐などの重大犯罪で有罪となった場合、必ず死刑を科す「強制死刑制度」が廃止されました。マレーシアの法改正により、麻薬密輸の罪で死刑判決が確定していた日本人が、禁錮30年に減刑されています。

先進国主体の経済協力開発機構（ＯＥＣＤ）加盟国（38カ国）のうち、死刑制度があるのは日本と韓国、米国の３カ国のみです。しかし、韓国は１９９８年以降、死刑は執行しておらず、アムネスティの「事実上の廃止国」に分類されています。米国も２０２１年７月、司法長官が連邦法に基づく死刑執行の一時停止を表明しており（州法に基づく死刑は停止されていない）、政府として死刑執行を続けているのは日本だけとなっているのです。

死刑執行件数から読み取れること

アムネスティの資料によると、２０２３年に死刑を執行した国は中国、イラン、サウジアラビア、ソマリア、米国など16カ国で、２０２２年の20カ国より減少し、これまでで最少となりました。しかし、一方で死刑執行の数は２０２３年が１１５３件以上と、２０２２年の８８３件以上より31パーセント増加しました。２０１５年の１６３４件に次ぐ多さです。

死刑を執行する国が減っているのに、なぜ執行件数は増えたのでしょうか。それを考えるため、死刑を執行した国と件数の内訳を見てみましょう。いずれも、アムネスティの資料によるもので、カッコの中は死刑執行の件数です。

アフガニスタン（＋）、バングラデシュ（5）、中国（＋）、エジプト（8）、イラン（853＋）、イラク（16＋）、クウェート（5）、北朝鮮（＋）、パレスチナ（※国として集計していいます）（＋）、サウジアラビア（172）、シンガポール（5）、ソマリア（38＋）、シリア（＋）、米国（24）、ベトナム（＋）、イエメン（15＋）

この内訳からは、イラン、サウジアラビア、中国での死刑執行の多さがわかると思います。イランは853件で、2022年の576件から48パーセント増加しましたが、薬物関係での死刑執行が急増したことが背景にあります。サウジアラビアの173件と合わせると、世界の死刑執行の9割近くを占めています。

サウジアラビアは現在も斬首を死刑執行の方法としています。イランは絞首刑で死刑をおこなっていますが、人びとの面前でクレーンに取り付けられたロープに死刑囚を吊るす公開処刑をおこなうこともあり、国際社会から強い非難を浴びています。過去には日本製のクレーンが絞首刑に使われ、問題視されたこともありました。最近では、反政府活動を威嚇する手段として死刑を用いてもいます。

イランとサウジアラビアの死刑に対する姿勢には大きな問題があると思いますが、一方でアムネスティの集計した数字には、別の大きな問題が示されています。中国や北朝鮮、ベトナムで死刑執行の実態が明らかにされていないことです。資料で（＋）と表示されているのは、執行があったことは間違いないが正確な数字が不明という意味で、アムネスティは便宜上、2件とカウントしています。

もちろん、中国や北朝鮮、ベトナムでの死刑執行が2件であるとは考えられません。中国では年間千人規模の死刑が執行され、世界の死刑執行数の6～7割を占めているという見方もあるほどですが、死刑に関する統計は国家機密扱いとなっているため、その詳細はわからないのです。ベトナムも同様に、死刑に関する統計は一切公表されていません。

独裁体制の下で厳しい情報統制を敷き、政治犯収容所などの人権弾圧が国際的に指摘されている北朝鮮も、公開処刑をおこなっているという情報がある一方で、その実態は秘密のベールに覆われています。2023年の死刑執行国には入っていませんが、欧州で唯一、死刑制度のあるベラルーシも統計を公開していません。

こうしたことから、死刑執行の数は1153件よりもさらに多いことは間違いないといえます。アムネスティの報告書では、統計を公表しないことについて「死刑の情報を統制し秘密とすることは、恐怖心を植えつけ、国家の権力を誇示する道具として死刑を利用す

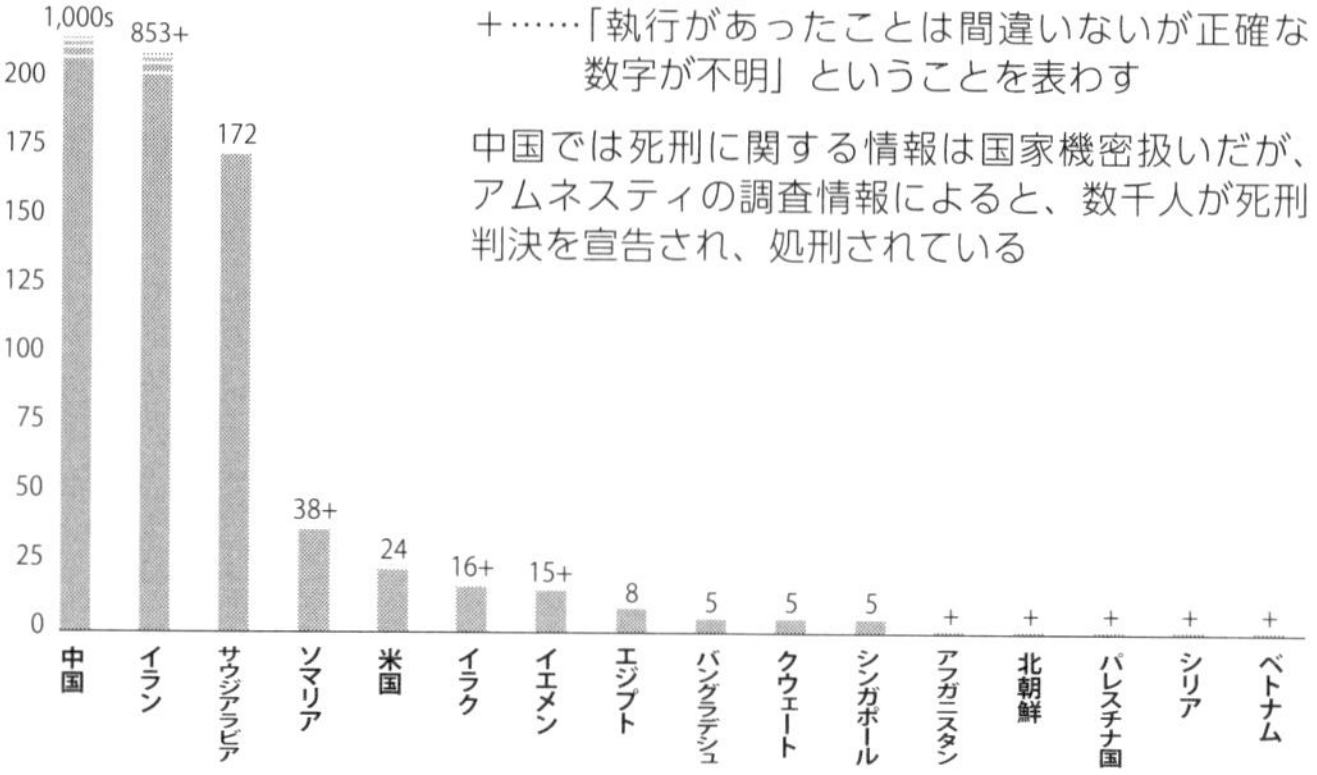

2023年死刑執行国　　（アムネスティ日本ウェブサイトより引用）

る国の強い意志を示している」と記しています。

　中国や北朝鮮、ベトナム、ベラルーシは、政府に反対する意見を力で抑えつけ、民主主義とはいえない政治システムをとっている国です。そうした国が死刑の情報を公開していないというのは、死刑を自らの支配の道具とし、政治的に利用する目的があるのは明らかです。北朝鮮が公開処刑という形で限定的に「情報公開」をおこなうのも、恐怖による支配を推し進めるためと考えるべきでしょう。

　これらの国のほかにも、アムネスティの資料には集計した数字の横に＋がつけられている場合があります。示された数字以上の執行がなされている可能性が高いことを示しており、情報の公開に問題があることをうかがわせます。

　死刑を執行する国が減少する一方で、執行の件数が増えていることは、国際社会で少数派に追いやられている執行国が、国内世論の抑え込みや社会への威嚇のために死刑を多用していることを反映しています。そうした国々の人権状況がどうなっているのかに関心を持ち、国際社会を見つめることが重要です。

欧州の姿勢

死刑制度を強く批判し、廃止を求めているのが欧州です。欧州連合（ＥＵ）には、２０２４年現在で27カ国が加盟していますが、死刑廃止が加盟条件になっています。２０１８年７月、日本でオウム真理教の元幹部７人に死刑が執行された際、ＥＵ駐日代表部と加盟国の駐日大使、非加盟国であるアイスランド、ノルウェー、スイスの駐日大使は、以下のような共同声明を発表しました。

「７月６日、７人の死刑が、日本の当局により執行された。刑が執行されたのは１９９５年に東京の地下鉄で実行された、サリンによるテロ攻撃の犯人であることが判明したオウム真理教のメンバーであった。

ＥＵ、その加盟国、アイスランド、ノルウェーおよびスイスは、同事件が、日本そして日本国民にとってとりわけ辛く特殊な事件であることを認識している。われわれは、心からの同情を表し、犠牲者とその家族の苦悩を共有し、加害者が誰であれ、またいかなる理由であれ、テロ行為を断じて非難する。

しかしながら、本件の重大性にかかわらず、ＥＵとその加盟国、アイスランド、ノルウェーおよびスイスは、いかなる状況下での極刑の使用にも強くまた明白に反対し、その全世界での廃止を目指している。死刑は残忍で冷酷であり、犯罪抑止効果がない。さらに、どの司法制度でも避けられない、過誤は、極刑の場合は不可逆である。日本において死刑が執行されなかった２０１２年３月までの20カ月を思い起こし、われわれは、日本政府に対し、死刑を廃止することを視野に入れたモラトリアム（執行停止）の導入を呼びかける。

われわれは、友人であり同じ考えを持ち、価値や原則を共有する日本を含めた、全世界における死刑廃止を引き続き積極的に追い求める。われわれはそれを、建設的な精神を持って、また国連人権理事会の普遍的・定期的レビューの枠組みにおける勧告に則って行う」


ここから読み取れるのは、ＥＵの死刑廃止に対する強い意思です。オウム真理教による地下鉄サリン事件などのテロ行為を非難しながらも、死刑については「強くまた明白に反対」しています。

ＥＵにはノルウェーやアイスランド、スイスは加盟しておらず、英国は２０２０年１月に離脱していますが。死刑廃止については意見の隔たりはありません。これらのＥＵ非加盟国も加わる欧州評議会も、死刑について廃止すべきとの立場を明確にしています。欧州ではベラルーシだけが死刑制度を維持していますが、ベラルーシはＥＵにも欧州評議会にも加盟していません。

では、なぜ欧州は死刑廃止の姿勢を、これほど強く明確に打ち出しているのでしょうか。欧州各国の死刑廃止の流れから、その理由を考えてみましょう。

欧州では、ドイツ連邦共和国（統一前の西ドイツ）が１９４９年に死刑制度を廃止しました。この背景には、戦前のナチズムへの反省があります。

ナチス時代には、死刑の対象犯罪が拡大され、死刑判決や執行件数が増加し、死刑制度が濫用《らんよう》されました。ヒトラー政権に対して「白バラ抵抗運動」と呼ばれる批判を展開した大学生のきょうだいらが国家反逆罪で死刑となったことは、ドイツの人びとの記憶に深く刻み込まれ、国家による殺人への強い拒否感へと結びついています。

ドイツ民主共和国（統一前の東ドイツ）では１９８７年に死刑が廃止されましたが、死刑執行は１９８１年、西ドイツへの亡命を企てたとして秘密警察の幹部になされたのが最後でした。現在のドイツでは「死刑制度があると、国家権力が好き勝手に都合の悪い人を処刑してしまう」という考えが一般的です。

イタリアでも、１９２２年にムッソリーニのファシスト政権が樹立するとそれまで廃止されていた死刑制度が復活し、独裁政権下で死刑が多用されましたが、1948年に施行された憲法で死刑廃止が定められました。ムッソリーニは国外に逃亡しようとしたところを捕らえられ、正式な裁判を受けないまま1945年に銃殺刑に処され、ミラノの広場で逆さ吊りにされました。

ムッソリーニの最期は、死刑廃止を考える上で皮肉な歴史でもありますが、西ドイツやイタリアは独裁的な政治体制を経て、死刑廃止に至りました。これはスペインでも同様です。

一方、政治的判断で死刑を廃止したのがフランスです。1981年の大統領選では死刑制度の存廃が争点の一つとなり、死刑廃止法案を国会に提出することを公約に掲げた社会党のミッテラン氏が、政府として死刑廃止を提案することを否定した現職のジスカールデスタン大統領を破って当選し、死刑廃止に向けて大きく動き出します。

1981年6月、ミッテラン大統領は国民議会議員選挙で社会党が圧勝したことを受け、弁護士で死刑廃止運動の担い手だったバダンテール氏を司法相に任命し、バダンテール氏は同年8月に死刑廃止法案を国民議会に提出しました。

議会では、死刑がフランスの伝統であるヒューマニズムに反し、人権宣言の精神にそぐわないことや、死刑には犯罪を思いとどまらせる抑止力がないこと、誤判の可能性があることなどが言及されました。法案は議会で可決されて、大統領の署名を経て同年10月10日に公布されました。

英国では、1965年に5年間の死刑執行停止を定めた法律が成立し、1969年にはこれを恒久的なものとすることが可決されて、死刑が廃止されました。反逆罪や暴力を用いた海賊行為罪、軍法犯罪には死刑が残されていましたが、実際には執行されないまま、1998年にこれらも廃止されています。

英国で死刑廃止の議論が高まった背景には、死刑執行後に誤判が認められた事件があります。1949年に起きたティモシー・ジョン・エバンス事件です。エバンス氏は自宅で妻と幼い娘を殺害したとして起訴され、1950年に死刑判決が下されて絞首刑に処されました。しかし、1953年に真犯人が見つかり、1966年になって冤罪の可能性が高かったとして、死後恩赦が認められました。

英国は、死刑制度を「いかなる場合でも反対する」としていますが、その理由として挙げているのが、人間の尊厳を奪い、犯罪抑止の効果が証明されておらず、冤罪の場合は取り返しがつかない、という3点です。冤罪を理由の一つとしていることの裏側には、実際に「取り返しのつかないこと」をしてしまったという苦い経験があるのです。

ところで、フランスと英国が死刑廃止に至る経緯で、特筆すべきことがあります。それは、世論は死刑廃止の意見が多数派ではなかったという点です。1960年代の英国では、死刑を支持する世論が7割を超えており、フランスでもその傾向は同じでした。そうした中で死刑廃止を実現させたのは、政治家のリーダーシップがあったからにほかなりません。

ある専門家は「どの国においても、世論の高まりで死刑廃止が実現したケースはないのではないか」と指摘していましたが、欧州では政治家が人権や制度上の問題点を考え、死刑廃止という道を選択したといえます。フランスや英国でも、凶悪犯罪やテロが起きると死刑復活の声が上がりますが、法改正に至るまでには広がりません。政治家の決断が、世論に影響を与えていったと考えるべきでしょう。

国連の立場と日本

日本をはじめとした世界のほぼすべての国家が加盟し、日本の外務省がホームページで「普遍性を備えた国際機関」と記しているのが国際連合（国連）です。国連の目的は、国連憲章第1条で「国際の平和及び安全を維持すること」であるとし、さらに「すべての者のために人権及び基本的自由を尊重するように助長奨励することについて、国際協力を達成すること」である、とも記されています。

国連は、世界人権宣言（1948年）をはじめ、さまざまな人権条約を採択し、世界の人権問題への対処にも積極的に取り組んでおり、人権と基本的自由の尊重は、存在意義に関わる重要な価値観といえます。その国連は、死刑について、すみやかに廃止すべきとの立場を明確に示しています。

国連人権委員会は、死刑について以下のような見解をホームページに掲げています。原文の英語で読むと、その考え方がよりストレートに伝わるかと思いますので、英語と日本語訳の両方を記します。

《原文（英語）》

The use of the death penalty is not consistent with the right to life and the right to live free from torture or cruel, inhuman or degrading treatment or punishment. There is growing consensus for universal abolition of the death penalty. Some 170 States have abolished or introduced a moratorium on the death penalty either in law or in practice. Despite this abolitionist trend, the death penalty is still employed in small number of countries, largely because of the myth that it deters crime. A few states also still permit use of the death penalty for crimes other than those of extreme gravity involving intentional killing, including for drug-related crimes or terrorism charges. More work needs to be done. Worldwide abolition is necessary for the enhancement of human dignity and progressive development of human rights.

《日本語訳》

死刑の適用は、生命に対する権利、および拷問や残虐、非人道的または品位を傷つける取り扱いや刑罰を受けずに生きる権利と一致しない。死刑の普遍的廃止に対するコンセンサスが高まっている。約170の国が、法律上または実際に死刑を廃止またはモラトリアムを導入した。

この廃止論の傾向にもかかわらず、主に死刑が犯罪を抑止するという神話のため、死刑がまだ少数の国で採用されている。いくつかの国では、薬物関連の犯罪やテロ容疑など、意図的な殺人を含む極度に重大な犯罪以外の犯罪に対する死刑の適用を依然として許可している。より多くのことをおこなう必要がある。人間の尊厳を高め、人権を進歩的に発展させるため、世界的な廃止が必要だ。（筆者訳）

国連総会では2007年から隔年で、加盟国に対し、死刑廃止を視野に執行の停止を求める決議案を採択しています。2022年には9度目となる決議が採択されましたが、賛成したのは欧州諸国など125カ国で、日本や米国、中国、北朝鮮など37カ国が反対、22カ国が棄権しました。

2012年の決議では、賛成票を投じたのは111カ国で、反対は41カ国でした。10年間で死刑執行停止の決議に賛成する国が14カ国増え、反対する国は4カ国減ったことになります。

決議は「冤罪で死刑が執行されれば取り返しがつかない。死刑が犯罪抑止効果を持つとの確実な証拠もない」とし、死刑判決や執行が続いていることに「深い懸念」を表明しています。18歳未満の人や妊婦には死刑を執行しないことも求めています。総会決議に拘束力はありませんが、国際社会が死刑制度に対してどのような考え方を持っているかがわかると思います。

日本は決議に反対しており、中国や北朝鮮といった専制国家、独裁国家と同じ姿勢を取っていることになります。米国も反対ですが、州によっては死刑を廃止しており、連邦レベルでの死刑執行は停止しています。

国連総会の委員会では、中国が「主権の侵害であり内政干渉となる」と決議に反対したことがありました。国際社会から見れば、専制国家である中国の主張と、民主主義国家である日本の主張が同じ次元にあるということになってしまいます。果たして、それでいいのでしょうか。

国連は1966年に「市民的及び政治的権利に関する国際規約」（自由権規約）を採択しています。第6条1項では「すべての人間は、生命に関する固有の権利を有する。この権利は、法律によって保護される。何人も、恣意的にその生命を奪われることはない」と規定しています。日本も、自由権規約を1979年に承認しています。

1989年には、自由権規約の実施を達成するため、規約に付属する「第2選択議定書」を、国連が採択しています。正式名称は「死刑廃止のための市民的及び政治的権利に関する国際規約の第2選択議定書」です。

第1条1項では「この選択議定書の締約国の管轄権内にあるいかなる人も死刑に処せられることはない」とし、第2項で「当事国は、自国の領域内で死刑を廃止するためにすべての適当な措置をとるものとする」としています。日本は、第2選択議定書を批准していません。

日本政府は国際人権諸条約の締約国として、国連総会決議を尊重する国際的な義務を負っています。死刑廃止に賛同する国が着実に増えている中で、死刑執行を続け、国連総会で反対票を投じ続けるのは、世界の潮流に逆行しているのではないかと思います。

揺れる米国

米国は、「先進国クラブ」ともいわれる経済協力開発機構（OECD）加盟国（38カ国）の中で、日本と韓国と同じく死刑制度を有している国です。OECD加盟国で死刑制度があるのは、この3カ国だけです。アムネスティの報告書でも、米国は「死刑存置国」となっています。

しかし、米国を単純に死刑存置国といい切ることはできません。米国では国家としての連邦レベルとは別に、州ごとに刑法があり、先ほど記したように死刑を廃止している州と存置している州があるからです。

米国では50州のうち、南部を中心に24州が死刑を存置している一方、23州が死刑を廃止しています。このほか、3州が死刑執行を停止しています。死刑を存置している州と廃止している州が拮抗しているように見えますが、存置している州のうち11州が過去10年にわたって死刑を執行していません。アムネスティの基準を借りれば「事実上の死刑廃止州」となり、これを含むと廃止州が多くなります。

また、2021年に米大統領に就任したバイデン氏は、2020年の選挙戦で示した公約の中で、死刑廃止を掲げていました。公約集の中で、バイデン氏は「死刑を廃止する」と明記したうえで、その理由についてこう述べています。

「1973年以来、この国で死刑を宣告された160人以上の人たちが、後に潔白が証明されました。私たちは、死刑の事例について常に正しく扱うことを保証できないため、バイデンは連邦レベルで死刑を廃止する法案を可決し、連邦政府の決定に従うよう、州政府に促します。これらの人びと（筆者注：死刑囚のこと）は、代替として仮釈放や保護観察なしの終身刑に服するべきです」

バイデン氏が死刑を廃止すべき理由として、冤罪を掲げているのは重要なことです。公約の中では、冤罪が証明された人の数を「160人以上」としていますが、米国のNGO「死刑情報センター（Death Penalty Information Center）」は200人としています。日本では戦後、5人の死刑囚に再審で無罪判決が下されましたが、米国では驚くべき数の人が死刑判決を取り消されているのです。

この背景には、米国社会の根深い黒人差別の問題があります。

米ミシガン大学法科大学院やカリフォルニア大学アーバイン校などが運営するプロジェクト「全米冤罪レジストリー」が、1989年から2022年までに起きた約3200件の冤罪事件を調べたところ、黒人が被告となったケースは53パーセントに達していました。

一方で、白人が被告となったケースは33パーセントです。米国の人口で黒人の占める割合が約14パーセントで、白人は約60パーセントであることを考えると、冤罪事件に占める黒人の割合がいかに高いかがわかると思います。

罪状別に見ると、殺人での冤罪事件に占める黒人の比率は白人の7・5倍で、性犯罪では8倍、違法薬物関連では19倍でした。米国では、警察が黒人に対して差別的な対応をするといった捜査段階での問題のほか、司法制度の中でも黒人に対しての不平等が存在していることを、この数字は物語っています。

これは死刑執行についても同じことがいえます。死刑情報センターは、1970年代以降に執行された死刑の75パーセントは白人が被害者のケースで、白人が被害者であれば被告が死刑判決を受ける可能性が高くなると指摘しています。「白人を殺害して死刑が執行された黒人」は、「黒人を殺害して死刑が執行された白人」の14倍以上になるとのデータもあります。

米国では1970年代以降、1603人に対して死刑が執行されてきました（2024年11月現在）。そこには人種間の隔たりがあり、冤罪が証明された人の数を考えると、執行された人たちの中に無実の人がいた可能性はぬぐえません。そうした問題から、バイデン氏は死刑廃止を公約に盛り込んだと考えられます。

ここで、近年の米国での死刑制度に関する動きについて見てみたいと思います。

1930年代から1940年代にかけては、毎年100人から200人に死刑執行がなされていました。1950年代ごろから100人以下となり、1960年代には大きく減少します。死刑判決は黒人に非常に厳しく適用されるとして、弁護団が死刑の違憲性を訴えるキャンペーンを展開したことや、欧州での死刑廃止の動きなどが影響したとされています。

こうした中、1972年に連邦最高裁が、死刑を課すかどうかの裁量を陪審員に委ねていた死刑制度は、アメリカ合衆国憲法修正第8条の「残虐かつ異常な刑罰」の禁止条項に違反し、違憲との判断を下します。これは事件の名前から「ファーマン判決」と呼ばれています。

当時のジョージア州では死刑の対象となる犯罪が数多くありましたが、陪審員が死刑を選択する際の基準がありませんでした。連邦最高裁は、このようなジョージア州法は、死刑の恣意的で気まぐれな適用を起こしかねないとして、違憲であるとしたのです。ファーマン判決によって、全米の死刑執行は1976年までの約4年間、停止します。

しかし、1976年に連邦最高裁は、犯した罪の重大性と比較して過剰ではないとの条件つきで死刑は合憲との判断を下します。こちらも事件の名前から「グレッグ判決」と呼ばれています。グレッグ判決によって死刑制度が復活し、1977年1月から死刑執行が再開されました。

1990年代になると、厳罰化の傾向が顕著になります。代表的なのは「三振法」で、刑期が1年以上となる犯罪で3度目の有罪判決を受けると、自動的に終身刑になるという厳しいものでした。野球のバッターが三振するとアウトになることから、この名前がつけられています。

死刑判決も増え、1996年には315人と死刑復活後から最多を記録し、死刑執行も1999年が98人と、こちらも復活以降で最も多い人数となりました。しかし、2000

年代以後になるとDNA鑑定などの科学的捜査手法の発達により、冤罪事件が続々と明らかになり、死刑判決や死刑執行の数も減少していきます。

死刑判決は2020年以降、年間20件前後で推移し、死刑が執行された人数は2021年が11人でした。2023年は24人となりましたが、1999年と比較すると4分の1の水準です。

一方、トランプ政権下では死刑の是非が問題になったこともありました。

米国ではほとんどの犯罪が各州の刑事手続きによって処理されますが、州をまたがる犯罪や薬物事犯など、連邦に与えられた限定的な権限の中でも特に重要と判断されたものについては、連邦法による刑事手続きが適用されます。

この連邦レベルでの死刑執行は2003年からおこなわれていませんでしたが、トランプ政権下の2019年、米司法省は死刑執行に関する諸規則に変更を加え、変更後の規則に基づいて、13人の死刑囚への死刑を執行しました。この執行はトランプ大統領の退陣間際まで続けられ、「力」を見せつけようとするトランプ氏の政治利用だとの批判が起きています。


ところで、米国では死刑事件については、きわめて慎重な司法手続きを必要とする「スーパー・デュープロセス」というシステムがあります。連邦憲法と連邦最高裁の判例により、冤罪を防ぐために、一般的なデュープロセス（司法手続き）よりも厳格で手厚い刑事司法手続きを保障するというものです。

全米法曹協会のガイドラインでは、死刑事件については、捜査から公判、上訴、確定後の再審、執行直前の停止の申し立てなどの過程において、考えられる法的手続きのすべてを尽くすべきであるとしています。

裁判においては、死刑事件に関わった経験のある弁護人を2人以上つけ、心理学や精神医療の専門家など、量刑判断に影響を与える調査能力を持った専門家を交え、弁護団としてのチームを組みます。日本では地裁や高裁で死刑判決が出た後、被告が自ら控訴や上告を取り下げて死刑が確定することがありますが、米国では死刑判決が出ると自動的に上訴し、必ず最高裁まで争われます。

死刑執行についても予定日が公表され、それに対して死刑囚や弁護士らが執行を回避するために、さまざまな法的手段を試みます。死刑囚1人につき判決の確定から執行までに200万ドルかかるという報告もあり、「囚人を刑務所に入れておくのは税金の無駄遣いなので、死刑にしたらコストがかからない」という批判は、まったくの的外れということになります。

米国は、なぜこうした手続きをとるのでしょうか。立正大学法学部の丸山泰弘《やすひろ》教授は、こう記しています。少し長くなりますが、米国の司法に対する考え方がよくわかると思いますので、読んでみてください。

「米国では、死刑をめぐる様々な議論が提出されている。とくに興味深いのは、ハリー・ブラックマン連邦最高裁判事や、167名の死刑確定者を一括して減刑したイリノイ州知事であったジョージ・ライアンなどの『新しい冤罪論者』と呼ばれる人たちの存在である。

ブラックマン判事はニクソン大統領によって指名された共和党からの保守的な立場を期待されていた裁判官であったが、『手続き的違憲論』と言われる立場をとり、死刑制度について反対意見を述べている。

ブラックマン判事やライアンは、いわゆる従来の冤罪論で死刑制度に反対したのではない。リベラル支持者などの人権派が主張するように、残酷な刑罰の禁止や人権問題として反対したのでもない。

彼らは、冤罪ではなく、事実認定としてその人が犯人であろうとも、誰が死刑に値する人なのか、そして誰が無期懲役に値する人なのか、などを認定するのが困難で、公平性を求める米国憲法の要請に応えられない制度であるならば、制度そのものに不備がある（だから死刑に反対）という立場である。

例えば彼らは、これまでの様々な事件を引き合いに出しつつ、同じ前科数や被害者の数、計画性の有無が同一であっても必ずしも同じ量刑となっていないことを問題視している。さらに言えば同一事件の共犯関係であっても、より責任の少ないかもしれない共犯者だけが死刑判決となっていることがあるという。それは本来なら裁判で証拠によって立証されるべきであるにもかかわらず、量刑の判断の材料については明確な証拠が存在せず、公平性が保てていないという指摘であった。

そのため、現在では上記のように減軽専門家を加えて、被告人の生い立ちなどの社会調査を徹底して行う。本人だけでなく家族構成や家族関係、職場や学校での生活、関係者への徹底した聞き取り調査を行う。場合によっては、2世代前まで遡り、どういった祖父母の生活環境で育った両親が、どのように被告人の生活に関わってきたかなどを調べ尽くす。

このように、自動上訴を取り入れつつ、最高裁まで徹底して審理を尽くし、事実認定としての証拠調べ以外にも、その人が本当に死刑を科すべき被告人であるかどうか（量刑の根拠となる証拠）も徹底して調べ尽くして初めて死刑が合憲となるのである。

その結果、第一審で死刑判決が出たものであっても、約40％ほどの死刑判決が破棄されるというデータもあるとされる」（講談社ｗｅｂ「現代ビジネス」2021年7月30日「死刑賛成派」も知っておくべき「日本の死刑制度」驚きの〝ほころび〟）

このことから、米国は日本と同じ死刑存置国であっても、執行に至るまでの司法手続きには大きな違いがあることがわかります。そのことが米国で死刑執行数が減少し、州によって廃止など死刑制度を見直すことにつながっているのです。

「事実上の死刑廃止国」韓国

韓国は1998年以降、死刑を執行しておらず、アムネスティによって「事実上の死刑廃止国」と分類されています。金泳三《キム・ヨンサム》大統領の政権末期だった1997年12月30日、23人に死刑を執行したのが最後になっています。

「死刑廃止国」のグループには入っていますが、法的には死刑制度が維持されています。そのため1998年以降も死刑判決は出されており、2023年末現在で59人（軍事裁判で死刑判決が下された4人を含む）の死刑囚がいます。韓国での死刑は絞首（軍事裁判では銃殺）によって執行され、ソウル拘置所のほか、釜山《プサン》拘置所、大田《テジョン》刑務所、大邱《テグ》刑務所の4カ所に絞首台があります。

その一方で、死刑の確定判決は減少傾向にあります。韓国国会の資料によると、1998年から2007年にかけては毎年2～9人の死刑確定者が出ていましたが、その後はゼロの年が目立つようになり、2015年の1人を最後に死刑確定者は出ていません。

また、死刑囚は執行がないまま長期間、拘置所や刑務所に収容されていますが、1998年から2023年3月までに19人が恩赦などの減刑措置を受け、12人が病気などで死亡しています。

　では、なぜ韓国は四半世紀にわたって死刑を執行せず、国際社会から「事実上の死刑廃止国」と見なされるようになったのでしょうか。その背景には、韓国社会に根強くある死刑への抵抗感と、金大中《キム・デジュン》元大統領の存在感があります。

2007年10月、ソウル市内で開かれた「死刑廃止国家宣布式」に出席した韓国元大統領の金大中氏。宣布式は、アムネスティによって、韓国が「事実上の死刑廃止国」とされたのを受け、開かれた

　韓国で１９４８年から１９９７年までの間に処刑された死刑囚は９０２人（軍事裁判による死刑は除く）で、このうち約４割が政治犯だったとされています。特に、軍事独裁政権を敷いた朴正熙《パク・チョンヒ》元大統領、全斗煥《チョン・ドゥファン》元大統領の時代には、民主化運動を弾圧するために死刑制度が使われ、多くの活動家に死刑判決が出されました。その中の一人が金大中氏でした。

　民主化運動を闘い死刑判決まで下された金大中氏が、大統領になってから死刑制度に批判的な立場をとったのは、いってみれば当然のことでしょう。金大中政権下では死刑は執行されず、同じく革新系の盧武鉉《ノ・ムヒョン》氏に政権が引き継がれた後も、それは変わりませんでした。

その後、政権は保守系の李明博《イ・ミョンバク》氏、朴槿恵《パク・クネ》氏へと続いていきますが、死刑についてはノーベル平和賞を受賞した金大中氏の考えに背くことはしませんでした。この間、政府内で死刑執行を検討したことがあったと伝えられていますが、実行されませんでした。韓国政府の当局者は、私の取材に対し「法務省が死刑執行を計画していたが、EUとの経済連携協定への影響などを考慮して外務省が強硬に反対し、見送られた」と明かしています。

2023年にも凶悪犯罪の発生をきっかけに死刑再開の声が一部で上がりましたが、当時の法務大臣は「執行を再開すればEUとの関係が悪化する」との懸念を国会で示していました。これらのことから、韓国政府が死刑執行に対する国際的な反応を意識していることがわかると思います。

しかし、韓国で死刑廃止が世論の多数派を占めているわけではありません。国家機関である「国家人権委員会」が2018年におこなった世論調査では、死刑制度について「必ず維持すべき」との回答が19・9パーセント、「維持されるべきであるが、死刑判決や執行には慎重を期すべき」との回答が59・8パーセントで、賛成に分類される意見が79・7パーセントを占めました。一方、反対の意見は「すぐに廃止すべき」が4・4パーセント、「いつかは廃止しなくてはならない」が15・9パーセントで、合計は20・

3パーセントです。

国家人権委員会は2003年にも同様の世論調査をおこなっていますが、その時は死刑制度の賛成意見が65・9パーセントで、反対意見は34・1パーセントでした。15年間で、死刑に反対の意見は13・8ポイントも減少したことになります。

2018年の世論調査の結果は、日本政府が死刑制度の是非を尋ねた2019年の世論調査で、約8割が「死刑もやむを得ない」と回答した結果を思い起こさせます。死刑執行が25年以上もされておらず、国際人権団体から「事実上の死刑廃止国」に認定されている韓国でも、死刑に対する世論は日本と大きく変わらない点は、とても興味深いと思います。

こうした世論は、有権者を意識する政治家にも影響を与えます。韓国の国会ではこれまで7回、死刑廃止法案が提出されていますが、いずれも審議未了で廃案となっています。在職中に2回、死刑廃止法案を提出した元国会議員の柳寅泰《ユ・インテ》氏は「韓国で死刑廃止の世論が盛り上がったことはなく、廃止は国会の判断によるしかないが、議員は票で生きている存在。世論を意識せざるを得なくなる」と話していました。

死刑を長期間にわたって執行しておらず、国際社会から「事実上の死刑廃止国」と見なされながらも、死刑制度は維持し、世論も多数が支持している。どこかちぐはぐな印象を受けるかもしれませんが、一ついえることがあります。それは、韓国社会で死刑は「非日常的」なものになったということです。

世論調査では死刑廃止に否定的な意見が多いものの、デモが頻繁におこなわれている韓国で、死刑を執行しないことへの抗議運動は起きていません。書店に行って死刑関連の本を探してもほとんど見当たらず、新聞やテレビで死刑が話題になることも、あまりありません。韓国社会で死刑は「日常的」ではないのです。

凶悪犯罪が起きると死刑の再開が取り沙汰されますが、その広がりは限定的です。政府関係者や国会議員、研究者、新聞・テレビの記者に、韓国での死刑執行再開について質問すると、ほとんどが「『事実上の死刑廃止国』という立場を覆す判断は容易ではない」として、可能性はきわめて低いとの見解でした。

国際社会には「死刑廃止国」の側面を見せ、国内向けには死刑制度を維持して世論に配慮する。死刑に関するこうした「両にらみ」の姿勢を、韓国は今後もとっていくのではないかと、私は見ています。

一方の日本では、凶悪事件が起きると厳罰を求める世論がわき上がり、それらを背景に死刑が執行されてきました。死刑の是非をめぐって法曹界やメディアなどで議論が続き、この本のような関連書物も数多く出版されています。その点から考えると、日本は死刑が「日常的」であり続けています。

日本では1990年前後に死刑の執行停止が続き、国連総会で死刑廃止条約が採択されたこともあり、市民団体や法曹界で死刑廃止を求める動きが活発化していました。1990年には市民団体「死刑廃止国際条約の批准を求めるフォーラム'90」が結成されています。

韓国を代表する死刑問題の専門家で、東国《トングク》大法学部教授を務めた朴秉植《パク・ビョンシク》氏は、日本留学中に結成から間もない「フォーラム'90」へ参加しました。「当時は、国際的な流れから日本で死刑廃止が実現されると思っていました。韓国に対して『日本に学べ』という感じでした」といいます。その後は、韓国が先行して「事実上の死刑廃止国」になったことに、朴さんは「歴史の皮肉を感じる」と話していました。

英国大使の「苦言」

欧州が死刑制度を強く批判し、国際社会に廃止を求めていることは、先に述べた通りです。2022年7月、東京・秋葉原で無差別殺傷事件を起こした加藤智大《ともひろ》死刑囚に死刑が執行された際は、駐日欧州連合（EU）代表部と、駐日EU加盟各国大使、アイスランド、ノルウェー、スイスの各駐日大使が、死刑は「世界人権宣言に謳われている不可侵である生命権を侵害するものであり、残酷で非人道的かつ屈辱的な刑の最たるもの」だとし、停止するよう求める声明を出しています。

この前日、日本とEUなどの外相らは、ミャンマーで民主活動家ら4人の死刑が執行されたことについて、「軍政による人権と法の支配の軽視」と非難する共同声明を発表したばかりでした。日本は他国の死刑についてEUと共に反対しながらも、自国の死刑ではEUから批判されるという、なんとも皮肉なことになってしまいました。

死刑をめぐるこうした日本の状況に、強い懸念を示している一人が駐日英国大使のジュリア・ロングボトム氏です。

外交官として過去に2回の日本勤務を経験し、日本語も堪能で、英国外務省きっての「日本通」として知られるロングボトム氏ですが、私が2022年にインタビューした際、はっきりとこう述べていました。

「英国と日本は非常に親しい友人であり、多くの価値観を共有しています。しかし、考え方の異なる重要な問題があります。それが死刑制度です」

ロングボトム氏は、さらにこう続けています。

「私が初めて日本で勤務した1990年代初めは、両国関係は経済が中心でした。現在は防衛・安全保障や気候変動、デジタル化など、あらゆる分野に焦点が当たっています。関係が緊密化する中で重要になるのは、人権に対する価値観の共有です。日本が洗練された民主主義社会であるにもかかわらず死刑があることに、英国人の多くは衝撃を受けます。

死刑制度によって、日本の当局と情報を共有することに慎重になります。司法などデリケートな分野において、情報共有する際は死刑存置の事実を重く受け止めます。日本で死刑が廃止されれば、英国と日本の関係はさらによくなるということを認識すべきです」

日本では世論の８割が死刑支持とされていますが、ロングボトム氏は「１９６０年代の英国は国民の７～８割が死刑を支持していました。しかし、政府は１９６５年に殺人罪での死刑執行の一時停止を決め、１９６９年に廃止へ踏み切りました」と説明してから、こう話をしました。

「世論の変化を待つのではなく、世界の流れなどを見ながら、政治家がリーダーシップを発揮することが死刑廃止に向けて重要なのです。世論のみを理由に死刑を廃止した国はありません」

日英関係は非常に良好だと考えている人が大半だと思いますが、日本に死刑があることに英国の人びとが衝撃を受け、死刑を廃止すれば日英関係は「さらによくなる」と明言しているのは、とても重要なことです。大使の発言は決して個人的な考えではなく、英国としての意見です。そのことをよく考える必要があります。

ロングボトム氏は２０２４年８月、日本弁護士連合会が事務局を担い、私も委員として参加している「日本の死刑制度について考える懇話会」にゲストスピーカーとして出席しました。ロングボトム氏は「英国政府はいかなる場合でも死刑には反対の立場です」と明言し、その理由として次の３点を挙げました。

①死刑は人間の尊厳を奪う

②死刑が犯罪を抑止する決定的な証拠がない
③冤罪の場合は取り返しのつかない事態になる

ロングボトム氏は「日本と英国は民主主義、法の支配、基本的人権という価値観を共有する重要なパートナー」とし、日英関係はかつてないほど緊密さを増しているとしたうえで、次のように述べています。

「日英が基本的人権を含む共通の価値観を尊重する中、日本が死刑制度を維持し、執行していることはとても目立ちます。残念なことに死刑存置国という観点から見ると、日本は中国、北朝鮮、シリア、イランなどの国と同じグループに入ってしまいます」

ロングボトム氏は、死刑制度があることにより「日本が掲げる人権外交の理念と行動の間に、どうしても隙間があるように感じてしまいます」と、苦言を呈しました。日本政府がこの苦言に耳を貸さないのは、国際社会に責任ある態度とはいえません。死刑があることで、日本に対してどういった視線が向けられているかを考え、なんらかの対応をとるべき時期に来ていると思います。

日本の政治家の受け止め

国際社会が日本の死刑制度に厳しい視線を向けていることを、日本の政治家はどう受け止めているのでしょうか。自民党の衆院議員で外務副大臣も務めた鈴木貴子氏は、日本に死刑制度があることによる外交上の懸念を抱いています。日本が中国を念頭に「覇権国家」を批判しても、死刑があるため「同盟国からは、価値観のダブルスタンダードに映る」というのが、その理由です。

「日本は同盟国に対して『価値観を共有するパートナー』と強調するけれど、死刑については価値観をまったく共有できていないことが多くあります」。そう話す鈴木氏は、超党派の「日本の死刑制度の今後を考える議員の会」で事務局次長を務め、死刑に批判的な立場を取っています。しかし、鈴木氏のように死刑について関心を持ち、具体的に行動する国会議員は決して多くはありません。

これまで死刑制度に関する議員連盟には、1994年に発足した「死刑廃止を推進する議員連盟」がありました。一時は与野党で100人を超える議員が参加し、2003年には、死刑の執行停止と、終身刑の創設を柱とした法案の国会提出で合意しています。しかし、各党での議論がまとまらず法案提出は断念し、中心メンバーの引退や落選も相次ぎ、現在は休眠状態となっています。

2008年には、終身刑創設を目指す超党派の「量刑制度を考える超党派の会」が発足しました。自民党の有力者も参加して議論を進めましたが、法案提出には至っていません。

「日本の死刑制度の今後を考える議員の会」は、2018年12月に設立されました。死刑制度の存廃について議論することを目的としていることから、廃止派だけでなく存続派も所属するのが特徴です。北朝鮮による日本人拉致問題に早くから取り組んできたことで知られる、自民党衆院議員の平沢勝栄氏が会長を務めていますが、議論は決して活発とはいえません。

ある国会議員からは「死刑廃止を訴えると、支持者から文句が出るだけで、決して票にはつながらない」との「本音」を聞いたことがあります。そうした現実もあるのでしょうが、国会議員は大きな視点に立って有権者にビジョンを示し、政策を進めていくことが求められているのではないでしょうか。

鈴木氏は「死刑は外交や安全保障に関わる重要な国政のテーマです」と話し、議論の必要性を強調しています。それぞれの国会議員が、死刑問題を「重要な国政テーマ」として認識し、制度のあり方について検討を進めていくことが求められていると思います。

第3章　死刑と情報公開

特ダネだった死刑執行

１９９３年3月27日、読売新聞は「死刑、３年ぶり執行」との記事を、朝刊の一面トップで報じました。１９８９年11月から3年４カ月にわたって、日本では死刑が執行されておらず、市民団体などからは死刑廃止につながる動きとの声も上がっていました。

執行があったことについて、記事ではこう記されています。

「死刑制度存廃をめぐる議論が高まる中、国内では約３年４カ月ぶりに死刑が執行されていたことが明らかになった。関係者によると、執行は26日で場所は大阪拘置所だったとされる。わが国では平成元年11月以降、死刑執行が全く行われていなかった。これを死刑廃止への一歩と受け止めていた市民運動にとって、執行再開は大きな打撃になると同時に、死刑の是非をめぐる論議にも波紋を投げかけることになりそうだ」

この記事を読んで、なにか気づく点はないでしょうか。

3年4カ月ぶりに死刑が執行されたことを報じる1993年3月27日付の読売新聞。当時は死刑執行を法務省は発表しておらず、読売新聞の特ダネだった

まず、死刑執行が26日だったのにもかかわらず、この記事はその日の夕刊ではなく、翌27日の朝刊に掲載されています。また、死刑が執行された場所は「大阪拘置所だったとされる」とし、断定していません。「明らかになった」との書き方からも、この記事が法務省の発表に基づくものではないことがわかります。27日の朝刊で3年4カ月ぶりに死刑が執行されたことを報じたのは、読売新聞だけでした。この記事は、読売新聞のスクープだったのです。

記事では大阪拘置所で執行された死刑囚の名前を挙げているほか、さらに「もう1件執行未確認情報も」として、ほかにも執行があった可能性に触れています。読売新聞は1件の死刑執行があった情報を入手し、事実関係の裏取りをしたうえで「特ダネ」記事にしたと考えられます。

報道の世界では、世間が知らない情報を先んじて伝える「特ダネ」に大きな価値が置かれ、担当記者はそうした情報を得るために昼夜を問わず奔走します。読売新聞が「死刑再開」のスクープを放ったことで、他社の司法担当記者が慌てて内容を確認し、後追い記事を書いたことは想像に難くありません。27日の夕刊では、各紙が死刑執行について伝えています。

このことは、当時、死刑を執行したかどうかが、司法記者の間では「特ダネ合戦」の対象となっていたことを示しています。それは同時に、法務省が、死刑を執行した事実を一切公表していなかったことを意味します。

執行再開を伝える各紙の記事を読み返すと、こうした記述も見られます。

「法務省は従来、死刑執行があったかどうかを明らかにしない方針をとっており、今回の執行についても、『ノーコメント』（幹部）と、外向けには認めていない」（27日付読売新聞朝刊）

「死刑が執行された大阪市都島区友渕町1丁目の大阪拘置所では27日午前6時すぎ、山口静夫所長が近くの宿舎から小走りに駆けつけ、正門から50メートルほど離れた小さな通用口から所内へ。『対応を協議する』と話して鉄扉を中から施錠した。1時間半ほどして出てきたが、『テレビのニュースで報道されているのを所内で見た。私の口からはお話しできない。外部からの問い合わせの窓口は総務部長に一本化した』と話した。総務部長は、所内の事務棟3階にある庶務課で応対した。休日を返上して駆けつけたといい、グレーのスポーツシャツ姿のまま。『刑の執行や処分の内容については一切外部に話さないことになっている』とし、所長と同様『ノーコメント』を繰り返した」

「福岡拘置支所の宮本博支所長は27日朝、朝日新聞社の取材に対し、『執行がたとえあったとしても、あったとは言えないし、なかったとしてもなかったとは言えない』と話した」(いずれも27日付朝日新聞夕刊)

ここからは、法務省が死刑についてまったく情報を出さない秘密主義を貫いていることがわかります。この時は、大阪拘置所で2人、仙台拘置支所で1人に死刑が執行されていますが、各社がその情報を確認できたのは27日の遅い時間になってからです。「福岡拘置支所」の支所長に取材をしているのは、そこで死刑執行があったとの情報があり、確認したのだと考えられます(実際には執行はありませんでした)。

死刑執行の手続きを担う法務省刑事局の幹部は「死刑執行については、あったかなかったかも含めて一切コメントしない、というのが法務省の立場だ」と話しています。死刑囚の遺族の感情や、なお執行がされていない死刑囚の心情に配慮するため、死刑に関する情報は公開していないとの説明もありました。

しかし、国家が人の命を合法的に奪う行為である死刑が秘密裏に執行され、その事実も公表しないというのは、民主主義社会のありようとして大いに疑問のある対応です。

当時を知る記者は、死刑囚の支援に当たっている市民団体や弁護士からの情報のほか、法務省幹部と非公式に接触して、誰が執行されたかを確認したといいます。「死刑執行を、他社との特ダネ競争の一つとしてとらえていた。いまから考えると空恐ろしいことだが、当時はそれに気づかなかった」。その記者は、そう振り返っています。

法務省は1998年11月から、死刑執行の事実と件数のみを発表するようになりました。しかし、どこで誰の死刑が執行されたかは、依然として隠されたままでした。私は1995年に記者となり、地方支局から2000年に本社の社会部に異動したのですが、死刑執行があった際に司法担当の先輩記者が事実確認に走りまわり、私にも「誰が執行されたか市民団体を当たってほしい」と指示してきたことを覚えています。

現在のように、死刑執行後に法務大臣が臨時記者会見を開き、執行した場所と死刑囚の名前、生年月日、犯罪事実について発表するようになったのは、2007年12月になってからです。それまでの長い間、日本の死刑執行は「秘密のベール」に包まれていたのでした。しかし、発表内容の変化に伴って、法務省が死刑に関する秘密主義の姿勢を見直したかというと、決してそうとはいえないのが現状です。

「お答えを差し控える」理由とは

2018年7月6日、東京・霞が関の法務省にある記者会見室で、法務大臣（当時）の上川《かみかわ》陽子氏が臨時記者会見を開きました。左脇に書類を抱えながら紺のスーツと白いシャツ姿で現れた上川法務大臣は、報道陣に向かって一礼すると、こう述べました。

「本日、7名の死刑を執行しました。裁判の確定順で名前を申し上げると、麻原彰晃《あさはらしょうこう》こと

2018年7月のオウム真理教元幹部7人に対する死刑執行を報じる新聞各紙

松本智津夫《ちづお》、早川紀代秀《きよひで》、井上嘉浩《よしひろ》、新實《にいみ》智光《ともみつ》、土谷正実《まさみ》、中川智正《ともまさ》、遠藤誠一の7名です」

坂本弁護士一家殺害事件や地下鉄サリン事件などを起こしたオウム真理教は、教祖だった松本智津夫（教祖名・麻原彰晃）死刑囚ら13人の元教団幹部に死刑判決が下され、確定していました。そのうちの7人に死刑を執行したことを発表したのでした。

上川氏は記者会見で7人の犯罪事実に関する概要を読み上げ、一連の犯行を厳しく断罪しました。「組織的、計画的に敢行されたものであるとともに、過去に例をみない、そして今後二度と起きてはならないきわめて凶悪・重大なものであり、我が国のみならず諸外国の人びとをも極度の恐怖に陥れ、社会を震撼させた」。そのうえで「慎重なうえにも慎重な検討を重ねた上で、執行を命令した」と語っています。

しかし、上川氏が死刑執行についてそれ以上に詳細を語ることはありませんでした。当時、全国の拘置所には計116人の死刑囚が収容されていましたが、なぜこの7人を選んだかの理由については「個々の死刑執行に対する判断に関わる事柄であり、お答えは差し控えさせていただきます」と説明を避けました。

執行時の様子や、死刑が確定している13人のうち7人を執行した理由、執行終了の報告を受けたときの所感など、記者たちは次々と質問します。これに対し、上川氏は「執行についての具体的内容に関わる質問であり、私の方から答弁することは差し控えたい」「死刑執行の判断に関わる大変重要な事柄であり、お答えについては差し控えたい」といった回答を繰り返すだけでした。

会見の最後に、記者から「情報公開は十分にされているとお思いですか」との質問が出されました。「お答えを差し控える」以上の内容がない上川氏の回答に、しびれを切らしたのでしょう。それに対し、上川氏はこう答えています。

「死刑については、人の命を絶つきわめて重大な刑罰です。死刑執行の判断に関わることについて、大臣である私からその発言をすること、そのこと自体が死刑の執行を待つ立場にある死刑確定者の心情の安定を害するおそれがあると考えています。従って、個々の死刑執行の判断に関わる事柄については、お答えを差し控えるということが必要ではないでしょうか」

この日、上川氏が記者会見で回答を「差し控える」と述べた回数は、全部で15回ありました。同じ月の26日には、残る6人の元教団幹部にも死刑が執行されています。その際の臨時記者会見でも、上川氏は死刑執行に対する所感や詳細などの質問に対して「お答えは差し控える」との回答を10回、繰り返しています。

1カ月で13人もの死刑囚に刑が執行されるのはきわめて異例で、国内はもちろん、海外にも大きく報道されました。同一の事件で確定した死刑囚は、同じ日に執行するという慣例も破られました。そうした中でも、死刑執行についてあらかじめ決められた内容を発表するだけで、詳細については明らかにされないままでした。

こうした対応は、上川氏だけがおこなったわけではありません。ほかの法務大臣も、在任中の死刑執行に関する記者会見では、対象者を選んだ理由などの詳細については、上川氏と同様の回答をしています。「お答えを差し控える」というのは、いわば法務大臣の「常套句《じょうとうく》」なのです。

2022年12月に、民放のBS報道番組が死刑の問題を取り上げ、私がゲストの1人として出演したことがありました。ほかのゲストには、元法務大臣の山下貴司氏がいました。山下氏は在任中、4人の死刑執行をしています。

私は山下氏に、死刑執行の順番は誰がどう決めているのかを質問しました。それに対し、山下氏はこう答えました。

「いえません。わかっているかどうかも含めていえません。執行の判断に関わることは誰もいいません。基準があるかどうかは、これは極秘の中で判断されます。一部の担当者しか知りません。そうしたことについて具体的なことを申し上げるのは、誤解を与えることになり、死刑囚の心情の安定にも影響します」

死刑執行の詳細について語らず、その理由として「死刑囚の心情の安定」を挙げるのは、面会や文通など死刑囚が外部と接触するのを極端に制限するのと、まったく同じ理屈をとっています。

しかし、これまで何度も指摘していますが、死刑執行は国家が合法的に人の命を奪うという「究極の権力行使」です。その命令を出した法務大臣が十分な説明をしないことは、権力を行使した責任者としてはたして適切といえるでしょうか。

死刑囚や家族のプライバシーに配慮することは当然であるとしても、その詳細を一切明らかにしないのであれば、権力行使が適切になされたのかを第三者が検証することもできません。

「由《よ》らしむべし、知らしむべからず」という論語の一節があります。「為政者は人民を施政に従わせればよいのであり、その道理を人民にわからせる必要はない」との解釈がなされますが、これを成り立たせるには人びとの政府に対する絶対的な信頼が必要となります。それは、民主主義の社会においては困難なことです。

このような姿勢で死刑の情報を公開しないのであれば、法務省は「我々は適切に死刑を執行しているので、そこに疑問などをはさむ必要はなく、余計な質問はせずにいわれたことだけを信じていればよい」といっているのと同じではないでしょうか。

黒塗りの始末書

死刑執行に至る法務省内の手続きが秘密のベールに包まれているのは、公開された公文書からもわかります。先に説明した「死刑執行上申書」などの文書を情報公開請求すると、黒く塗りつぶされた部分が目立ちます。

過去には、弁護士が「死刑執行上申書」や「死刑執行指揮書」といった死刑執行に関する文書の公開を求めて提訴しても、判決では請求を棄却されていました。2008年3月28日の東京地裁判決では「死者の名誉に対する国民感情などから、死者の個人識別情報も開示せずに保護するのが、情報公開法の趣旨」とし、公開すれば死刑囚の名前が特定されることを理由に挙げています。

また、ほかの文書についても「(死刑囚)自身がいずれ執行される態様を具体的に知れば、精神的安定を保てず、執行に支障を来すおそれがある」とし、不開示が妥当としています。死刑執行に関する公文書は、機密文書として扱われていたのです。

こうした対応は、2007年12月から法務省が死刑執行後に執行場所や名前などを公表するようになり、わずかながら変化しました。法務大臣(当時)の鳩山邦夫氏は、衆院法務委員会で「適正に執行されていること、被害者遺族や国民に理解してもらう必要がある」と公表する理由を答弁していますが、その後、法務省も文書の全面的な非開示は「実質的な意味を持たなくなった」との判断に傾いていきます。

　これによって、情報公開請求に基づいて死刑執行に関する文書が公開されるようになりましたが、死刑囚の名前や罪名、犯罪事実の概要以外は、多くが黒塗りになっています。死刑執行の公表基準に合わせたのでしょう。関係者によると、そこには日常的な様子や死刑確定までの裁判の経緯、再審請求の有無、執行を停止すべき理由がないことなどが書かれているとのことでした。

　死刑執行を終えると、その日のうちに「死刑執行始末書」が作成されます。そこには執行に立ち会った検察官と事務官（いずれも氏名は黒塗り）、拘置所長の名前で「下記死刑執行の次第につき、○○拘置所（執行先の拘置所名）において刑事訴訟法四七八条によりこの執行始末書を作り、執行立会者とともに署名押印する」と書かれています。

　刑事訴訟法478条には「死刑の執行に立ち会つた検察事務官は、執行始末書を作り、検察官及び刑事施設の長又はその代理者とともに、これに署名押印しなければならない」との記載がなされており、それを基に文書が作成されるのです。

　死刑執行始末書は2枚目に「執行経過」の欄がありますが、公開された文書はすべて黒塗りとなっていました。関係者によると、死刑囚が絶命した時間や、執行から絶命までの所要時間など、執行時の詳しい模様が書かれているといいます。死刑執行始末書の中には

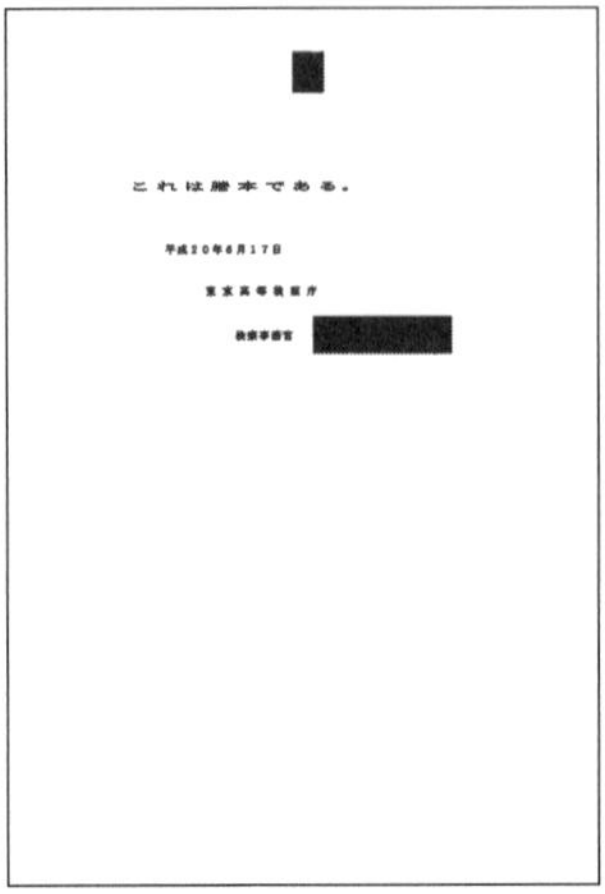

[redacted]

これは謄本である。

平成20年6月17日

東京高等検察庁

検察事務官 [redacted]

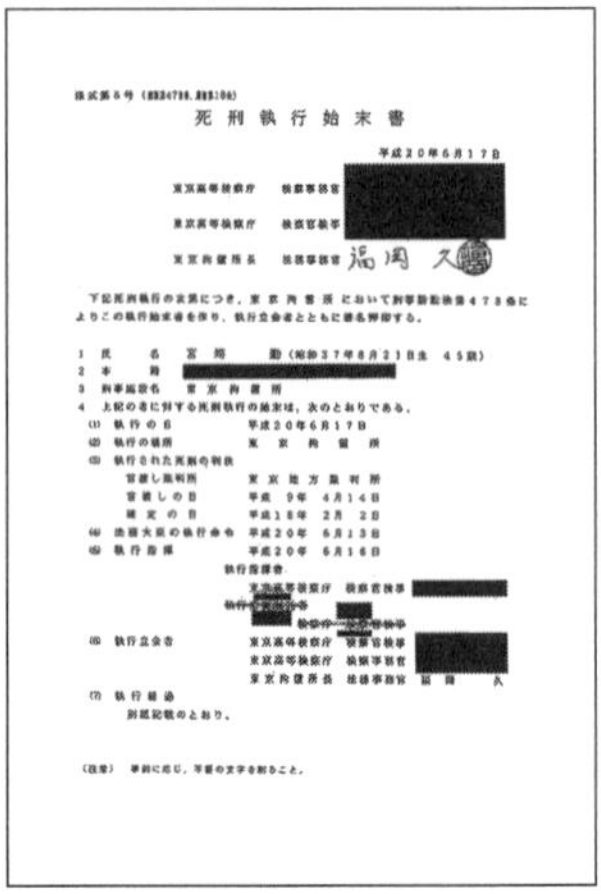

様式第5号

死刑執行始末書

平成20年6月17日

東京高等検察庁 検察事務官 [redacted]

東京拘置所長 法務事務官 福岡 久

下記死刑執行の立会につき、東京拘置所において刑事訴訟法第478条によりこの執行始末書を作り、執行立会者とともに署名押印する。

1 氏名 宮﨑 勤（昭和37年8月21日生 45歳）
2 本籍 [redacted]
3 刑事施設名 東京拘置所
4 上記の者に対する死刑執行の始末は、次のとおりである。
(1) 執行の日 平成20年6月17日
(2) 執行の場所 東京拘置所
(3) 執行された死刑の判決
言渡し裁判所 東京地方裁判所
言渡しの日 平成 9年 4月14日
確定の日 平成18年 2月 2日
(4) 法務大臣の執行命令 平成20年 6月13日
(5) 執行指揮 平成20年 6月16日
執行指揮者
東京高等検察庁 検察官検事 [redacted]
(6) 執行立会者
東京高等検察庁 検察官検事 [redacted]
東京拘置所長 法務事務官 福岡 久
(7) 執行経過
別紙記載のとおり。

（注意） 事例に応じ、不要の文字を削ること。

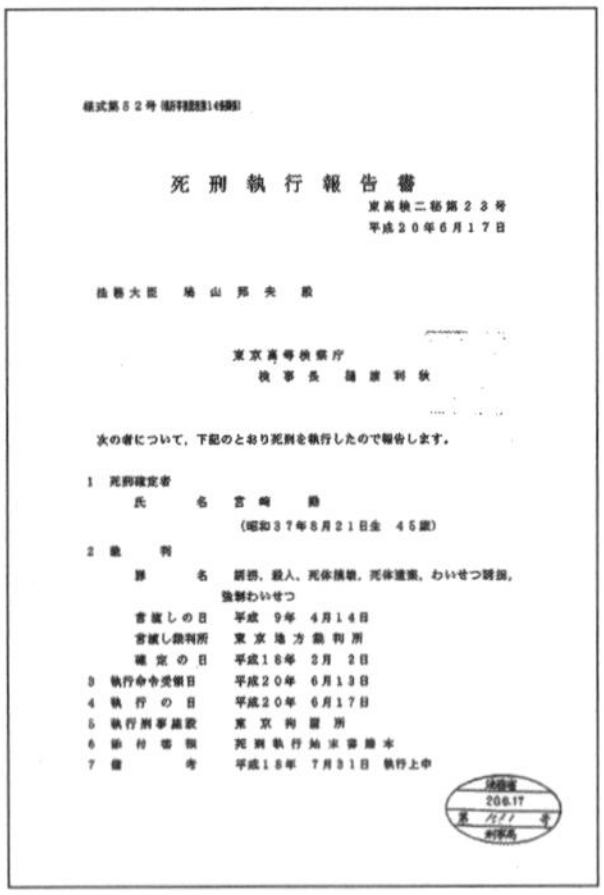

様式第52号

死刑執行報告書

東高検二総第23号

平成20年6月17日

法務大臣 鳩山邦夫 殿

東京高等検察庁

検事長 福原利敏

次の者について、下記のとおり死刑を執行したので報告します。

1 死刑確定者
氏名 宮﨑 勤
（昭和37年8月21日生 45歳）
2 裁判
罪名 誘拐、殺人、死体損壊、死体遺棄、わいせつ誘拐、強制わいせつ
言渡しの日 平成 9年 4月14日
言渡し裁判所 東京地方裁判所
確定の日 平成18年 2月 2日
3 執行命令受領日 平成20年 6月13日
4 執行の日 平成20年 6月17日
5 執行刑事施設 東京拘置所
6 添付書類 死刑執行始末書謄本
7 備考 平成18年 7月31日 執行上申

[redacted]

別紙

執行経過

[redacted]

東京・埼玉連続幼女誘拐殺人事件の宮崎勤・元死刑囚に関する、実際の「死刑執行始末書」と「死刑執行報告書」。執行経過などはすべて黒塗りになっている

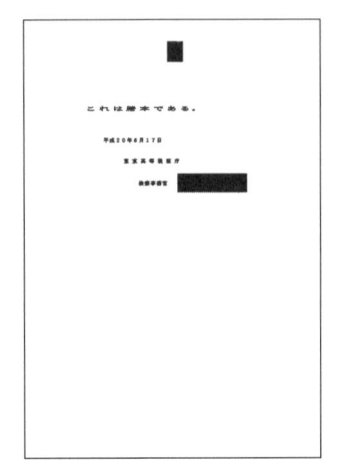

「秘　無期限」との印が押されたものもありました。法務省が厳重な情報管理を要する文書として位置づけていることがうかがえます。

執行に立ち会った法務大臣の思い

法務省が死刑に関する情報の多くを公開せず、歴代の法務大臣がその詳細を語ろうとしない中で、秘密主義の壁を打ち破ろうとした人物がいます。民主党政権下の２００９年9月から1年間、法務大臣を務めた千葉景子氏です。千葉氏が在任中、２人の死刑囚に対して刑が執行されます。その執行命令書にサインをした千葉氏は、自ら執行の現場に立ち会いました。

２０１０年7月28日朝、千葉氏は死刑を執行する東京拘置所の「刑場」にいました。絞首のロープが垂れ下がる「執行室」手前の「前室」で、連行されてきた死刑囚に対し、拘置所長が「いまから死刑を執行する」と告げました。死刑囚は言葉を発せず、放心状態に見えたといいます。

その4日前、千葉氏は2人の死刑囚への執行命令書にサインをしていました。目の前に座る死刑囚は、その命令によって間もなく命を絶たれることになります。２０２４年7月、千葉氏にインタビューをした私は、その時の気持ちを尋ねました。千葉氏は「言葉にするのは難しいですね」と話し、複雑な表情を浮かべました。

法務大臣が死刑執行に立ち会うのは、きわめて異例のことです。その理由を、千葉氏は「死刑は究極の国家権力行使です。適切に執行されているか、責任者として確認する必要があると考えました」と話しました。法務省の官僚に考えを伝えると、やや戸惑いを示したものの、反対はしなかったそうです。

千葉氏は、野党時代から「死刑廃止を推進する議員連盟」に加わり、死刑廃止を訴えてきた政治家です。1993年3月に3年4か月ぶりに死刑が執行された際には、報道各社の取材に「法務大臣（筆者注：当時の法務大臣、後藤田正晴《ごとうだまさはる》氏のこと）は死刑制度について非常に勉強していた。問題点など、率直な意見交換をしてわかっていただけたと思っていただけに残念です」と述べています。

千葉氏は、死刑執行の命令は法務大臣であれば必ず直面する問題であり、サインするつもりがないなら引き受けるべきではないというのが持論で、法務大臣への就任を打診されて引き受けると決めた時点で、執行命令書の決裁が来ることがあれば「覚悟しなくてはならない」と考えたそうです。

千葉氏は法務大臣就任の記者会見で、死刑執行の命令書にサインするかと記者に問われ「職責を踏まえて慎重に考えたい」と述べています。死刑廃止の考えと法務大臣としての職責にどう向き合うのかが注目されましたが、千葉氏は就任後間もなく、「死刑廃止を推進する議員連盟」を脱退します。

絞首刑の執行差し止めを求める大阪地裁での裁判で、原告側弁護人が千葉氏に死刑執行に関する意見を聴取し、2024年3月に報告書として提出していますが、その中で千葉氏はこう述べています。

「法務大臣に就任した直後から、法務副大臣及び法務政務官との政務三役による定期的な協議の場で、いざというときは死刑執行命令を決断する覚悟を伝えていた。死刑執行を担当する法務省刑事局長に対しても、執行命令の上申があるならば、早めに関係資料をもってきてほしいと伝えていた」

千葉氏のもとに、2人の死刑囚への執行命令に関する裁判記録が届けられたのは2010年1月のことでした。「いつまでに判断をするというような期限は区切られていませんでした」といいます。半年ほどの時間をかけて検討し、サインすることを決めますが「人の生命を奪う判断をすることについて、自らの気持ちを整理する時間が必要だったのかもしれない」と振り返っています。

刑場で2人の死刑囚が時間をおいて執行される様子を、千葉氏は執行室がガラス張りになっている立ち会い人のスペースから見ました。目隠しと手錠をされた死刑囚が刑場に連れてこられると、刑務官がすぐにひざを縛り、首にロープをかけました。刑務官が鉄の輪を動かしてロープと首の間の隙間をなくすと、直ちに踏み板が外れて死刑囚は落下し、首を吊るされました。その時、ガシャーンという音が響いたといいます。

「流れるように手続きが進み、執行されました。死刑囚にも刑務官にも、考える時間を与えないようにしているのではと思いました」。死刑囚の体は死亡確認までの約20分間吊るされたままでした。1人は落下した後、体がゆらゆらと揺れていたことを千葉氏は覚えています。

1人目が執行された後、立ち会い人の検事や拘置所幹部らは別室に移動し、清掃や次の執行の準備が終わるのを待ちました。そこでは千葉氏を含め、誰も言葉を発しなかったそうです。

実際に死刑執行に立ち会うことで、死刑に対してどういった考えを持つようになったのでしょうか。その問いに、千葉氏は「感情のない無機質さに違和感を抱いた」といいます。

「人間の死が淡々と、予定調和でおこなわれるのが死刑という刑罰なのだと思います。人間の感情や人としての営みを徹底的に排除し、整然と人間を死に追いやるのは、私には受け入れがたいことでした」

人間の死には、どのような形であれ苦しみや悲しみ、怒りなどさまざまな感情が入り混じり、どろどろとした生々しさがあるはずです。しかし、死刑執行の現場にはそれはまったくないと千葉氏は感じ、そこに「死の本質を回避している」との思いを抱きます。

「生々しさを一切排除した無機質な死という、死そのものと矛盾するような方法でなければ死刑を執行できないという部分に、死刑制度の本質があるように思うのです」。その言葉に、死刑に対する千葉氏の違和感が凝縮されているように感じました。

千葉氏は死刑を執行したことにより、廃止運動の関係者などから強く批判されました。千葉氏自身、死刑執行を命じたことは「私の中の矛盾の最たるものかもしれません」といいます。

と同時に、千葉氏は現在も「死刑制度は反対という考えは変わっていません」と明言します。では、なぜ矛盾する判断をしたのでしょうか。千葉氏は「（死刑の）廃止でも存置でも、なにか皆さんの議論を進めていくようにすることが私の役割と考えた」といいます。

千葉氏は執行後の記者会見で自らが立ち会ったことを説明し、刑場の報道機関への公開と、死刑制度のあり方を検討する法務省内の勉強会設置を決めました。「死刑についての議論をするにも、あまりに情報がなさすぎる」という疑問が、踏み込んだ対応につながったわけです。

しかし、刑場公開後も法務省は死刑に関する情報公開に後ろ向きで、国会での議論も進んでいません。勉強会は、存廃両論併記の報告書をまとめたのみで終わりました。

千葉氏へのインタビューで最も驚かされたのは、千葉氏が、執行する死刑囚の順番をどう決めているかを法務官僚に質問しても、具体的な基準や経緯については明言されなかった、といったことです。千葉氏は「よくわからなかった」といいました。死刑執行に至るプロセスを法務大臣に十分説明しないまま、執行命令のサインを求めているのであれば、実質的に法務官僚が死刑囚の生殺与奪《せいさつよだつ》の権を握っていることになります。しかも、その検証はできません。そうした状態で死刑が続けられていいのでしょうか。

自らの考えとの矛盾に悩みながら執行命令書にサインをし、執行に立ち会った千葉氏は、インタビューの最中、何度も思い詰めるように考える仕草をしました。死刑執行を見届けた経験は、一生頭の中から消えることはないといいます。

「私が投じた一石は、小石か砂利だったかもしれません。しかし、情報を公開したうえで、国会や市民が刑罰のあり方を考えることの必要性は、いまも変わっていないと思います」。千葉氏は言葉に力を込めました。

後任の法務大臣たちが口にする決まりきった回答からは、千葉氏の思いが引き継がれているとは考えられません。死刑が「ブラックボックス」であり続けている根底にあるのは、法務大臣としての責任感の欠如だと、私はあらためて思います。

「国は逃げるな」

そうした思いは、東京地裁の裁判員だった田口真義《まさよし》さんも同じです。2009年に始まった裁判員制度では、市民が死刑の選択を判断することもあります。田口さんは「国は死刑の判断に関われといいながら、その実態をなにも伝えていない」とし、2024年5月に死刑の執行停止と情報公開の徹底を求める法務大臣宛ての要望書を提出しました。

同様の要望書は2014年にも提出していますが、法務省からはなんの反応もありませんでした。「人びとが死刑の実態を知ることで、漠然とした賛成意見が揺らぐのを恐れているのではないでしょうか」。田口さんはいぶかりながら、こう話します。

「情報を公開して議論をしてこそ、刑事政策が正当性を持ちます。国は逃げるべきではありません」

米国で出会った死刑囚

日本の死刑制度と秘密主義の問題を考えるとき、参考になるのが米国です。前述した通り、米国には日本と同じく死刑制度があります。連邦レベルでは2021年7月から死刑執行を停止しているほか、約半数の州で死刑が廃止されています。しかし、南部の州を中心に死刑制度は維持されており、執行も続いています。しかし、死刑に関する情報公開のあり方は、日本と大きく異なります。

米国では、死刑執行の予定が本人はもちろん、メディアに対しても公開され、執行の際には被害者遺族や家族のほか、記者が立ち会うことができます。面会の制限も緩やかで、死刑囚が拘置所内でメディアの取材を受けることもめずらしくありません。
執行までの姿を追ったテレビのドキュメンタリー番組も制作され、刑務所長や執行に携わる刑務官などがインタビューに応じ、死刑に関するさまざまな情報を公開し、時には自らの意見を述べたりもします。

「死刑情報センター（Death Penalty Information Center）」など、死刑問題を扱う団体が持つ情報は豊富、かつ具体的なもので、インターネットに接続すれば、ホームページからそれらを容易に知ることができます。死刑に関する情報はできるだけ塀の中に押しとどめようとする日本と比較すると、その差はあまりにも大きいといえます。

２０１６年４月、死刑囚にインタビューをするため、米南部のテキサス州を訪れたことがあります。向かった先はテキサス州南部リビングストンのポランスキー刑務所でした。そこは当時、２３８人の死刑囚が収容されていました。その中の1人、ロバート・プルエット氏に会いに行ったのです。

テキサス州は、全米で最も死刑を執行している州です。「死刑情報センター」によると、１９７６年から全米で死刑が執行された死刑囚１５９６人のうち、５８９人がテキサス州で執行されており、ほかの州に比べて突出しています。

インタビューにあたり、テキサス州の司法当局に特別なルートがあったわけではありません。テキサス州の死刑囚にインタビューをしようとした際に、まずおこなったことは、州司法当局のホームページにアクセスすることでした。

ホームページには死刑囚に関する情報が掲載されており、収容中の死刑囚が一覧となって表示されていて、それぞれの名前をクリックすると、顔写真や犯罪内容などが出てきます。また、これまで執行された死刑囚の一覧もあり、個々のページには執行日や最期の言葉などが掲載されています。

さらに、死刑執行予定も公表されており、死刑囚の名前と執行予定日が表示されています。死刑囚の名前から事件の概要を調べ、数人を選んで、ホームページにある広報担当者のメールアドレスにインタビューの希望を伝えました。「メディアの取材は、毎週水曜の午後1時から1時間のみ可能」。返事はすぐに来て、「本人の意向を確認したうえで回答する」とも書き添えられていました。

それから数日後、ロバート・プルエット氏がインタビューに応じるとの回答があり、指定された日時にポランスキー刑務所へ向かう準備を進めました。インタビューをするための事前の手続きはこれだけです。記者証やパスポートのコピーなどの提出を求められることもありませんでした。

ポランスキー刑務所は、草原が広がる一帯にあります。ライフルを手にした刑務官が監視する中、幾重もの鉄条網を通り過ぎ、建物の中に入ります。面会室には、細長い通路に沿って、電話ボックスのような小部屋が左右に20ずつ並んでいました。木枠に「R32」と書かれた場所に近づくと、すでに男性が座っていました。それがプルエット氏でした。

短髪に眼鏡、服は上下とも白で、プルエット氏は当時36歳でしたが、その姿は若々しく見えます。目配せをすると、笑みを浮かべながら右手を上げ、正面からプルエット氏と向き合いました。距離は30センチほどですが、われわれの間は厚手の強化ガラスで仕切られています。会話は受話器越しです。

「ようこそ、テキサスへ」。初対面の外国人記者を迎えるプルエット氏の声を聞くかたわらで、刑務官が「では、いまから1時間です」と時計を見ながら口にしました。インタビュー中の写真撮影は自由で、刑務官は私のICレコーダーを持って面会室の内側に入ると、プルエット氏の胸元にピンマイクをセットしました。「会話の内容がクリアに録音できていないと、内容を間違うかもしれないでしょう」。刑務官は、こともなげにそういいました。

こうした司法当局の対応は、日本とは対照的です。私がそのことに驚きを覚えていると、プルエット氏はこれまでの日々を、ゆっくりと話し始めました。

「逮捕されたのは15歳の時だった。ちょっとしたいざこざが原因で、父が近所の人を殺したんだ。その共犯にされて、禁錮99年の刑となった。自分は父のそばにいるだけの、飾りのようなものだったのに。それ以来、ずっと刑務所暮らしが続いていて、21年になる。

家は貧しく、幼いころから犯罪に囲まれて育った。父は麻薬中毒で、刑務所を何度も出入りしていた。そんな父と、7歳か8歳くらいから、一緒に麻薬をやり始めた。クールに見えた父を気取ってね。逮捕されるまで、ずっとだ。

あれは1999年の暮れだった。服役していた刑務所で、看守が殺される事件があった。はめられて犯人に仕立てられ、死刑囚になってしまった。でも、自分はやっていない。父の事件と合わせて2件の殺人犯にされたけれど、どちらも自分は殺していない」

プルエット氏はその年の8月に、薬物注射による死刑執行が予定されていました。当初は2013年5月21日に死刑が執行される予定でしたが、裁判所の決定によって4回延期されていました。DNA鑑定など犯行を裏づける物的証拠に欠けていることが理由でした。

「死刑執行は、何度も延期されている。今回も4月から8月へ変更になった。検察の証拠が不十分なんだ。無実だから、当然のことさ。以前は、やってもいない罪で死ぬのが怖かった。でも、いまは無実を証明できることに希望を抱いている」

プルエット氏は、こう話を続けました。「もう16年以上、独房で暮らしている。本を読んで、文章を書いて、音楽を聴いて。独房だからといって、なにもできないわけじゃない。大事なのはいまの時間に集中することだ。そうすれば、過去の痛みや憎しみにとらわれなくなる」

プルエット氏がポランスキー刑務所に来てから、300人ほどの死刑が執行されたといいます。「親しくなった友人もいた。つらいよ。死刑は絶対に反対だ。自分のような無実の死刑囚もいる。そもそも、国が人を殺すべきじゃない。人は変わり得るものだから」。

プルエット氏の表情が、やや険しくなりました。

「ある瞬間や側面だけで、人を判断するのは間違いだ。人は必ず成長する。社会が見捨ててはいけない。自分が刑務所に入ったのはよくないことだけれど、ここで勉強をして成長できたことには感謝している。もっと早く気づきたかったとも思うけれどね」

目前に死刑が予定されていることを、どう受け止めているのでしょうか。神経を使う質問なだけに、こちらがいいにくそうにしていると、プルエット氏は笑顔を見せながら、こう話しました。

「死刑は怖くない。もちろん、自分の無実は信じている。でも、死は終わりじゃないという考えを持って、怖くなくなった。死生観が東洋思想的なのかな。死刑という現実も、魂が永遠ならば幻のように感じる。気持ちは落ち着いているよ」

日本では、自分のようなジャーナリストが死刑囚に面会できず、文通も許されていないことを伝え、その理由として法務省が「死刑囚の心情の安定」を挙げていると説明しました。すると、プルエット氏は驚いた表情を浮かべて、何度も「信じられない」と口にしました。

「友人たちから手紙をもらい、面会に来てもらえるのは、大きな心の支えだ。人と交流しないと、平常心は保てない。交流のない人ほど精神を病んでいくんだ。こうして自分の考えを伝えることで、多くの人が死刑を考えるきっかけになってほしい。なにかに気づいてくれたら、自分がここにいる価値があると思えてくるから」

その言葉から、日本での死刑囚が置かれている環境では、その精神をむしばんでしまう可能性が高いことを考えずにはいられませんでした。法務省が「死刑囚の心情の安定」を理由に、外部との接触を制限するのは、死刑囚におとなしく死を迎えさせるためにほかなりません。限られた人以外との文通や面会が許されず、死刑執行の日程も知らされない中で過ごす日々は、同じ死刑囚であるプルエット氏にしても「想像を絶する」ものだったのです。

「テキサスは故郷だし、美しい景色もある。でも、まったく好きにはなれないね。人びとの考え方は保守的で、過去から進歩していない。何百年も前から止まっている感じで、とても嫌なんだ。

日本語で『グッドバイ』は『サヨナラ』というんでしょ。知っているよ。アニメの『ニンジャ・タートルズ』を見ていたからね。また会えることを願っているよ。ありがとう。サヨナラ」

そう話して、プルエット氏とのインタビューを終えました。それから約1年半後の2017年10月12日、プルエット氏への死刑が執行されました。ポランスキー刑務所にいる死

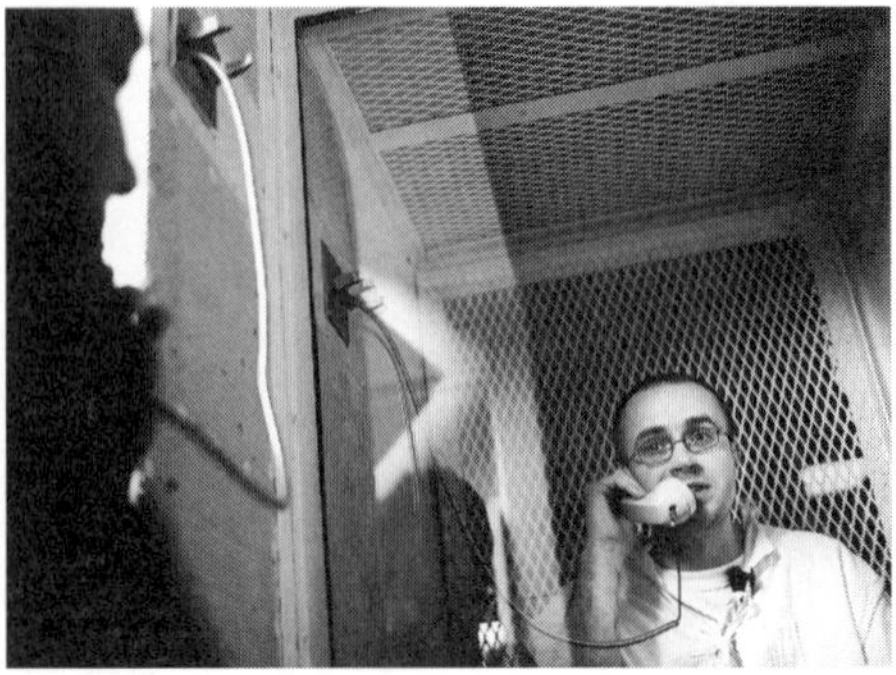

ポランスキー刑務所で筆者のインタビューに答えるロバート・プルエット死刑囚。この１年半後に薬物注射による死刑が執行された（2016年４月、米テキサス州）

刑囚が、刑務所の外に出られるのは死刑執行の日です。車に乗せられ、約70キロ西にあるハンツビルの刑務所へ向かいます。そこには、薬物注射による刑場があります。

テキサス州司法当局のホームページには、死刑執行直前にプルエット氏が残した言葉が記されています。

「ここにいるみんなに、僕がみんなをとても愛していることを伝えたい。僕はたくさんの人を傷つけてきたし、たくさんの人に傷つけられてきた。僕はみんなをとても愛している。人生はここで終わりではなく、永遠に続く。僕は人生の教訓を苦労して学んできた。いつか、人を傷つける必要がなくなる日が来るだろう。僕はみんなを愛している。もう行く準備はできているけど、また戻ってくるよ。みんな、おやすみなさい。以上です、所長」

プルエット氏が無実だったのか、私には判断する十分な材料がありません。しかし、面と向かって話をした死刑囚が実際に処刑されてしまったことを知った時は、言葉ではいい表しづらい気持ちになりました。取材の際には、プルエット氏の死刑が執行されたハンツビルの刑務所も訪れました。ポランスキー刑務所からの道のりを、プルエット氏がどんな気持ちでいたのかと思うと、いまも心に痛みを感じます。

「あなたをはじめ、多くの人と会い文通することで、私の精神は保たれている。死刑囚にも訴えたいことはあるはずだ。日本ではなぜ、それが認められないのか」。プルエット氏が私に投げかけた疑問は、彼の「遺言」として心に残ったままです。

死刑を見届ける記者の思い

先ほど述べた通り、米国では死刑囚が外部の人と面会や文通をすることは認められており、私のような外国人ジャーナリストでもインタビューすることができます。また、執行の予定はあらかじめ公表され、当日には家族や友人のほか、ジャーナリストの立ち会いも認められています。そこは日本と大きく違います。

テキサス州司法当局のホームページで死刑に関する情報を見ていた時、あることに気づきました。「死刑囚監房情報（Death Row Information）」というコーナーには「メディア立ち会い人リスト（Media Witness List）」という項目があります。それぞれの死刑執行ごとに、立ち会ったジャーナリストの社名と名前が記されているのですが、その大部分に同じ名前が掲載されていたのです。

その人物はマイケル・グラチェク氏で、ＡＰ通信の記者と書かれていました。リストを見ると、立ち会った件数は数百件にのぼります。そうした経験を持つ記者は、おそらく世界にもグラチェク氏しかいないでしょう。プルエット氏のインタビューでテキサスに行く際、グラチェク氏にも話を聞きたいと思い、本人と連絡を取って会えることになりました。

テキサス州ヒューストンのAP通信事務所で会ったグラチェク氏は、温和で物静かな印象の人でした。AP通信で40年以上のキャリアを持つベテラン記者のグラチェク氏は、1983年に米テキサス州ヒューストンへ赴任したのを機に、死刑執行の現場も取材するようになりました。「正確な数は覚えていない」とのことでしたが、立ち会った執行は400人以上にのぼるといいます。

テキサス州唯一の刑場があるハンツビル刑務所は、ヒューストンから車で約1時間北上した場所にあります。ハンツビルは刑務所のある人口4万人ほどの小さな都市の名前で、刑務所は街の中心部にあります。執行当日の朝に護送車で運ばれてきた死刑囚に、薬物注射での死刑が執行されるのは午後6時が決まりとなっているそうです。

執行予定日になると、グラチェク氏は車でハンツビルに向かい、刑務所の門をくぐります。執行には5人まで記者の立ち会いが認められていますが、そのうち1枠は通信社記者であるグラチェク氏に割り当てられるのが慣例になっています。

死刑執行の前に、立ち会い人は小さな部屋に通されます。「両手を広げると、両壁に触れるほどの狭い部屋」だそうです。ガラス越しに刑場の様子を見ることができますが、中の音は死刑囚が最後の言葉を述べるときに使うマイクのスイッチを入れないかぎり、まったく聞こえません。

立ち会い人の部屋は2つに仕切られ、死刑囚の家族と、被害者の遺族が別々に入ります。ジャーナリスト用の席はなく、取材は被害者遺族側の部屋で立っておこないます。死刑が執行され、死亡宣告の後に立ち会い人が部屋を退出するまでの時間は30分ほど。グラチェク氏は「死刑囚の様子を注意深く見るのは、簡単なことじゃない」といいました。

インタビューの中で、グラチェク氏に「人の死を見るのは怖くないですか」と、尋ねてみました。するとグラチェク氏は、少し笑みを浮かべながら「なにを怖がることがあるんだい」と問い返してきました。

薬物の注入が始まると、30秒ほどで死刑囚はせきやあくびをし、次第に呼吸が深くなり、いびきをかき始めます。その音はだんだん小さくなり、やがて呼吸が止まります。「人が寝入るのを見ているようなもの。違いといえば、二度と起き上がらないことくらいさ」。そう話すグラチェク氏は、死刑執行の現場を「殺人事件の現場に比べるとグロテスクさのない、静かな場所」ともいい表しています。

記憶に残っている死刑執行について聞くと、グラチェク氏は「天井に据えつけられたスピーカーから、讃美歌の『きよしこの夜』の歌声が聞こえてきたことがあった」と振り返りました。声の主は、ガラスの向こうの部屋にいる死刑囚でした。

歌が聞こえたのは、死刑囚がマイクに向かって最期の言葉を述べ、腕に刺さった管から薬物の注入が始まった直後のこと。落ち着いた、柔らかな声でしたが、やがて歌声はかすれ、死刑囚は息絶えたといいます。「教会で『きよしこの夜』を聞くと、いまでもあの男の姿を思い出す」と、グラチェク氏は静かな口調で語りました。

グラチェク氏は、刑場で死刑囚の命が消えるまでを淡々と見つめ、記録します。執行が終われば、立ち会えなかった記者たちに様子を説明し、自らも記事を書きます。重要なのは「速く、正確に伝えること」で、そこに感情を持ち込めば「取材に集中できなくなり、仕事に影響を与える」といいます。

グラチェク氏は、死刑に関する自らの意見を決して口にしませんでした。質問されても「絶対に答えない」と決めているそうです。「死刑の取材は、被害者と加害者の両方を扱う。フェア（公平）であるためには、自分の考えからは距離を置くべきだ」との考えからです。「どんなに残虐な殺人事件の犯人であろうと、死に値するかどうかはわからない。事実を伝えることで、読者が判断すればいい」とも語っていました。

しばらく話をする中で、グラチェク氏が死刑に反対の意見は持っていないことは伝わってきました。政治的には保守的な考えで、共和党のブッシュ元大統領のことを高く評価していました。その後の大統領選では、トランプ氏を支持していたかもしれません。そうしたグラチェク氏ですが、私が「なぜ死刑に立ち会い続けるのか」と質問した際には、少し言葉に力を込めて「根本的な目的がある」といい、こう続けました。

「ジャーナリストの役割として、政府がやることを適正におこなっているか、監視する必要があるんだ。死刑がちゃんとおこなわれているかを伝えることが、私の仕事だと思っている」

400人以上の死刑執行に記者として立ち会ったマイケル・グラチェク氏。死刑がどのようにおこなわれたかを報じるのは「政府がやることを適正におこなっているか、監視するため」と話していた（2016年4月、米テキサス州）

死刑に賛成か反対ではなく、執行に問題がなかったかをチェックする。「監視」という言葉には、政府などの「権力機関」に対する、ジャーナリストの基本的な役割の意味が込められています。死刑が、究極の国家権力の行使であるからこそ、その監視が必要だということです。

私はグラチェク氏の考えに、深く納得させられました。日本では、ジャーナリストなどの第三者が「究極の国家権力の行使」を監視することはできません。そこに、米国と日本での、死刑に対する最も大きな違いを見出しました。

　実際、米国ではジャーナリストが死刑執行に立ち会うことで、薬物注射に手間取って長い時間がかかり、死刑囚が苦しみながら死んでいった様子が報道されることで「非人道的だ」との批判がわき上がることもありました。日本では、死刑執行時のトラブルによって、憲法で禁じられた「残虐な刑罰」になっていないかを検証することはできません。「我々は正しく適正に死刑を執行している」という政府のいうことを、無条件に受け入れるしかないのです。

　米国で死刑の現場を取材しながら、日本と同じく死刑のある国であるけれども、情報公開などの運用面では大きな違いがあることを実感しました。

第4章　「冤罪」と「被害者感情」

袴田事件と再審無罪

　2024年9月26日、静岡地方裁判所前には多くの報道陣や弁護士、市民の人たちが集まっていました。午後2時を数分過ぎたころ、裁判所の出入り口から各社の記者が駆け足で出てきました。午後2時に始まった裁判での判決いい渡しを速報するためです。それからすぐに、手にしていたスマートフォンには「無罪判決」のニュースが表示され、裁判所周辺のあちこちで歓声が起こりました。

　無罪判決が出されたのは、1966年に静岡県清水市（現静岡市）のみそ製造会社専務一家4人が殺害された事件の裁判をやり直す再審公判です。強盗殺人罪などで死刑が確定していた袴田巌さんに無罪をいい渡したのでした。逮捕から58年の長きにわたり、無実を訴え続けた袴田さんの思いが実った瞬間でした。

　裁判長は、確定判決が犯行着衣と認定した「5点の衣類」や自白調書などの検察側の証

静岡地裁の再審で無罪判決を受け、裁判所を出る袴田巖さんの姉、ひで子さん（2024 年 9 月 26 日）

拠に「三つの捏造がある」と断じ、袴田さんを犯人とは認められないと結論づけました。死刑事件の再審無罪は戦後5例目です。捜査機関の捏造を認めたことに検察内部では反発も起き、控訴も検討されましたが結局断念し、それまでの4例と同じく、袴田さんの無罪が確定しました。

　袴田さんの事件は、事件から1年以上経って血のついた衣服が捜査機関によって「発見」され、有罪の証拠とされていました。しかし、２０１４年３月に静岡地裁が再審を認める決定をし、死刑執行の停止とともに即時釈放も命じました。ＤＮＡの鑑定結果などから、警察が証拠をでっち上げたとの疑いを指摘し、これ以上の身柄拘束は「正義に反する」と判断したのです。

　死刑囚の再審決定と釈放が同時に認められるのは初めてで、異例の司法判断は法曹関係者を驚かせました。それ以上に人びとに衝撃を与えたのが、48年間にわたって自由を奪われ、うち30年間は死刑囚として過ごしてきた袴田さんの姿でした。

　東京拘置所から釈放された袴田さんは、背中を丸め、左右に体を揺らすような動作をしながらも、しっかりとした足取りで迎えの車に向かって行きました。一瞬、右前方に視線を投げかけましたが、周囲の刑務官たちには目もくれず、そのまま車に乗り込みました。

無実を訴え続けていた袴田さんと、それを支えてきた姉のひで子さん、弁護団、支援者らが勝利したことは間違いありません。しかし、拘置所の単独室に閉じ込められ、死刑執行の恐怖におびえる日々を過ごした袴田さんにとっては、失ったものもあまりにも大きかったのです。

再審開始が決まった時、ひで子さんが東京拘置所を訪れてそのことを伝えても、袴田さんは「うそだ。もう帰ってくれ」と突っぱねるだけでした。釈放が決まり、アクリル板のない応接室で対面したひで子さんが「お帰りなさい」と肩に触れても、袴田さんは「うん、うん」とうなずくだけで、状況が飲み込めていない様子だったといいます。

袴田さんには刑務所に収容された人などにみられることの多い「拘禁《こうきん》ノイローゼ（拘禁反応）」の症状が出ていました。自由のない環境下に追いやられることによる強いストレスから、心身に異常をきたす症状です。無実を叫びながらも聞き入れられず、失意と絶望の中で半世紀近くを過ごしてきた袴田さんにとって、自らの感情を押し殺し、貝のように閉じこもることが「生きる術《すべ》」だったのでしょう。

東京都世田谷区長の保坂展人《のぶと》氏は、社民党衆院議員時代の2003年、東京拘置所で秀子さんとともに袴田さんと面会しています。その際、袴田さんは保坂氏らと次のようなやりとりを交わしていました（カッコ内は保阪氏の注釈です）。
保坂氏　「今日はあなたの誕生日ですが、わかります？　67歳ですね」
袴田さん「そんなことを言われても困るんだよ。もういないんだから、ムゲンサイサイネンゲツ（無限歳歳年月？）歳はない。地球がないときに生まれてきた。地球を作った人……（意味不明）」（中略）
「神の国の儀式があって、袴田巖は勝った。日本国家に対して5億円の損害賠償を取って……」（中略）
保坂氏　「袴田巖さんはどこに行ったのですか？」
袴田さん「袴田巖は、知恵の一つ。私が中心になった。昨年儀式があった」
保坂氏　「儀式？」
袴田さん「儀式だ……宇宙……。全世界のばい菌と戦っている。（ばい菌に）死刑判決を下している。昨年1月8日まで袴田巖はいた、もういなくなった。1月8日に全能の神である自分が吸収した。中に入っていった。私の智恵の一つ。なくなっちゃう」

このやりとりからも、長期の身柄拘束によって、袴田さんが通常の精神状態を保てていなかったことがわかると思います。２００４年8月22日の保坂氏の活動報告には、このようにも記されています。

「袴田さんは13年前（１９９1年）から弁護士と会うことすら拒否してきた。それどころか、姉のひで子さんもここ7～8年は東京拘置所に面会に行っても『袴田という人間はいない』と面会を拒んでいたのだった。１９９９年に法務省矯正局と事前打合せの上、ひで子さんはわずか数分間、面会できた。しかし、ひで子さんと挨拶は交わしたが、『巌』と呼びかけると、『そんな人間はいない』とプイと外に出てしまったのだという。

実は、昨年3月10日に私は東京拘置所でひで子さんと弁護士の秋山賢三さん、小川央《よう》さん、岡島順治さんと共に25分間面会している（筆者注：前述の袴田さんが保坂氏と会話をしたときのことを指す）。『全能の神となった私が袴田巌を統合した』と連綿と妄想の世界を語り続ける袴田さんの様子は、長期拘禁と死刑との隣り合わせの緊張のためか、妄想が現実世界を浸食しているかのようだった。（中略）

袴田さんは、1回の食事に1時間以上をかけている。出されてもすぐには食べずに、じっと見つめているという。そして、冷めた食事をゆっくりと食べる。『運動』も拒否、房の中をぐるぐる回るのが日課だという。『入浴』以外に房の外に出ない」

袴田さんは釈放後、医療機関からのケアを受け、ひで子さんや支援者のサポートを受けながら暮らす中で、そうした症状も一定程度は改善してきました。しかし、長期間の収容による拘禁症状が完全になくなることはなく、再審公判に出ることは難しいとして出廷《しゅってい》を免除されています。判決公判に袴田さんの姿はなく、ひで子さんが判決を聴きました。

判決公判で裁判長は、主文いい渡し前に袴田さんが出廷しないことを弁護団に確認したうえで、ひで子さんに「もしよろしければ」と声をかけ、証言台の席に座るよう促しました。裁判長が無罪を告げると、傍聴席からはどよめきと拍手が上がり、ひで子さんはあふれ出る涙をハンカチで拭いました。

裁判長は、いい渡し後、ひで子さんに判決の説明をする中で「(検察の自白調書は)ひどい取り調べをしていて、うそのものを含む」と検察側を痛烈に批判しました。「心身ともに健やかに末永く過ごすことを願う」と、袴田さんとひで子さんに向けた言葉で締めくくっています。袴田さんは自宅にいて、日課の散歩をするなど、普段と変わらない時間を過ごしていました。夜に帰宅したひで子から報告を受けると、表情を変えないまま「ああ、そう」とだけ返事をしたといいます。

私も2022年に袴田さんやひで子さんと会ったことがあります。自宅にうかがって袴田さんとお話をしましたが、意思の疎通をするのは容易ではありませんでした。同時に、弟の無実を信じ、支え続けてきたひで子さんの力強さに触れ、たいへん感銘を受けました。

袴田さんの無罪が認められたことは本当によかったと思いますが、48年にわたって身柄を拘束され、そのうち30年間は死刑囚として死の恐怖に直面しながら過ごすことを余儀なくされた現実は、あまりに重いものです。また、ひで子さんも冤罪を晴らすために多くの時間と労力を費やし、並大抵ではない苦労を味わったのも事実です。

袴田さんは幸いにも死刑台から生還することができましたが、死刑判決によって精神を病み、通常の生活を取り戻すことはできなくなっています。死刑は人の生命を奪う刑罰であって、死刑判決が誤判であった場合、これが執行されてしまうと絶対に取り返しがつきません。さらに、死の恐怖によって人の心も破壊してしまうことを、袴田さんの姿は如実に物語っています。その事実を、決して忘れてはならないと思うのです。

繰り返された「死刑」から「無罪」

先ほども述べたように、死刑囚が再審で無罪となったのは、袴田さんが戦後5例目です。ほかの4例である免田事件、財田川事件、松山事件、島田事件は、いずれも1980年代に再審無罪の判決が出ています。当時、中学生だった私は、死刑囚の無実が証明されたニュースを見るたびに、なぜこうした事件が起きたのか、そして、死刑制度はどうなっていくのかという疑問を抱きました。

「免田事件」と「財田川事件」の再審で無罪判決が出されたことを報じる新聞各紙。「免田事件」は、戦後初めて死刑囚が再審で無罪となったケースで、「財田川事件」の再審無罪は２例目となった

それから30年以上が経って袴田さんに無罪判決が下されましたが、当時抱いた疑問は解決できていないままです。逆に、なぜ１９８０年代に再審無罪が相次いだ際、国会や法曹界で再審や死刑制度に関する議論が深まらなかったのか、という疑問が増すばかりです。

実際に、１９８０年代に再審無罪が出た時の報道や法曹界、国会の論調を見ても、死刑制度の問題点に触れているものは多くありません。前に触れたように、英国で死刑廃止の議論を進める契機となったのが、刑をすでに執行された死刑囚の冤罪が証明されたことでした。日本で当時、死刑制度の見直しの機運が高まらなかったことについて、ある法曹関係者は「無罪判決が相次いだことで、見直すべきは捜査手法の見直しといった方向となり、死刑の是非は注目されなかった」と振り返ります。

しかし、当時の記録などを探しても、無罪となった４人がなぜ長期間身柄を拘束され、過酷な取り調べで自白を引き出され、死刑囚として死の恐怖にさらされることになったのか、公的な検証がなされた跡は見られません。捜査機関が自らを調査してお茶を濁《にご》すのではなく、第三者機関などを設置して捜査や裁判の経緯を検証する必要があったと思いますが、そうしたことをしないまま時間が過ぎていきました。

このことは、死刑制度の問題を考えるうえでも、大きな問題だったと思います。また、死刑囚に限らず、判決が確定した後も無実を訴える人たちが、裁判のやり直しを求める再審の手続きについても見直されず、ハードルが高く設定されたままとなっていました。

死刑囚への再審無罪判決が出たことについて、このことが「死刑制度の根本的な問題点を浮き彫りにした」という主張に対して「再審制度が機能しているので無実が証明されたのだ」という反論があります。以前、法務省の幹部にインタビューした際、死刑における冤罪の危険性について質問すると「裁判所の確定的な判断に疑いがあるという場合には、再審制度が用意されている」とし、それまでの4件を念頭に「いままで再審が確定したものを見ても、再審制度というものがよく機能しているということがいえる」と述べました。

この時、幹部とはさらにこうしたやりとりをおこなっています。

――裁判段階で間違いがあったとしても、再審でそれは正されるので、無実の人が死刑執行される可能性はないということですか？

「人がやることなので可能性がないといい切っていいのかは別の問題ですが、制度として整ったものになっているということです」

――とくに死刑に関しては、100パーセント間違いがないことを求められるのではないかと思うのですが。

「そこは我々もそう思います。誤った執行がなされたということがあってはならず、それは100パーセントでなければならないとは思いますが、我々の方でできることは、そのために最もよい制度を整えることです。これまでに、誤判による死刑執行がなされたということを確定した事件というのはないので、現行制度はきちんと機能しているという認識です」

ここから透けて見えるのは、いまある制度の問題点を認めず、かたくなに変えようとしない姿勢です。死刑は、その判断に間違いのあってはならない刑罰で、そうならないように三審制による慎重な裁判をおこなっている。もし、そこに間違いがあったとしても、再審によって覆されている。だから問題はない。そういった考え方です。しかし、本当にそうでしょうか。

袴田巖さんが1981年4月に最初の再審請求をしてから、静岡地裁で再審無罪判決を勝ち取るまでに要した年月は43年です。途方もなく長い時間で、人生の貴重な月日を費やしてしまったことになります。再審の可否を決める手続きに時間がかかり、さらにそのハードルも高い現状では、その制度が「機能している」とは決していえないはずです。

近年になって、裁判員裁判の導入など司法制度全体の改革が進んでいますが、一方で再審制度には変わりがありません。国会でも見直しに向けた動きが出始めていますが、制度を担っている法務省の腰は重いままです。

憲法39条では「何人も、実行の時に適法であつた行為又は既に無罪とされた行為については、刑事上の責任を問はれない。又、同一の犯罪について、重ねて刑事上の責任を問はれない」と規定されています。裁判で無罪となれば、その後の刑事責任は追及されないことを示していますが、これと再審は密接に関係しています。

有罪判決が確定した場合に、無罪をいい渡すべき新たな証拠が発見された場合などで、やり直しを認める制度が再審です。逆に、無罪判決が確定した後、捜査機関が判決は誤っているとして再審を求めること（これを「不利益再審」といいます）は認められません。大正時代につくられた旧刑事訴訟法では、不利益再審を認めていましたが、現在の刑事訴訟法では認めておらず、冤罪被害者の人権救済制度と位置づけられています。

しかし、残念ながらその役割が果たされているとはいえません。再審は重要な制度ですが、全体で516条からなる刑事訴訟法のうち、再審手続について定めているのは19条（435条から453条）しかありません。「有罪の言渡をした確定判決に対して、その言渡を受けた者の利益のため」（435条）とされていますが、再審について書かれた項目の中に、審理の進め方に関する具体的な規定はありません。

有罪・無罪の判断を大きく左右する検察側証拠の開示についてもルールはなく、どこまで開示させるかは裁判所の判断次第です。担当裁判官によって判断が大きく変わることは「再審格差」であるとも指摘されています。

袴田さんの再審請求審で、静岡地裁の勧告を受けて検察が約600点の証拠を提出したのは、2008年に申し立てた第2次請求中のことです。5点の衣類の写真や取り調べの録音テープは、再審開始や無罪の判断につながりました。

再審判決で、「捜査機関の捏造」となった重要な証拠は、捜査機関の側が長年にわたって公開してこなかったのです。証拠の取り扱いは捜査機関側の意のままになっており、そこにルールはありません。袴田さんの姉、ひで子さんが「証拠開示の遅れで審理が長引いた」と憤《いきどお》るのも、当然のことでしょう。

再審制度が70年以上見直されていない中で、2024年3月に改正を求める超党派の国会議員連盟が設立され、2024年10月現在で350人が名を連ねています。6月には、手続きの根拠規定の明文化が必要だとする要望書を法務大臣に提出しました。また、多くの地方議会でも、改正を求める意見書を国に提出しています。

しかし、法務省の姿勢は消極的です。「再審請求の大半は要件を満たしていない」として退けられており「安易なルール化は、的外れな請求の乱発につながりかねない」と懸念を示す幹部もいます。「三審制を取っている以上、再審の扉が簡単に開くような方向はあり得ない。裁判所の裁量に委ねるいまのあり方に問題はない」といい切る幹部もいるほどです。

しかし、袴田さんを含め5人の死刑囚に無罪判決がいい渡されたのは、非常に重い事実です。また、死刑事件ではなくとも、冤罪が認められた事件は相次いでいます。裁判での決定に間違いはない、と考えるのは危険な発想です。裁判も人間の営みである以上、間違いを完全になくすことはできません。

だからこそ、その誤りをできるだけ早く正すことのできる制度が必要だと思います。そのためにも、再審請求手続における全面的な証拠開示と、再審開始決定に対する検察の不服申立て禁止を制度化する必要があるのではないでしょうか。

被害者感情にどう向き合うか

死刑制度について考えるうえで、避けて通れない重要な問題が被害者遺族の感情です。

日本の刑法上では、殺人以外でも死刑となり得る犯罪があるものの、実際に適用されたことはなく、死刑判決は誰かの生命を奪ったことによって下されています。それらの事件には被害者がおり、被害者の多くには家族や親類などの遺族がいます。残された被害者遺族にとって、加害者への怒りは当然の感情です。「犯人は死をもって償うべき」という遺族の訴えに、共感する人は少なくないでしょう。

私が死刑に関する記事を書くと、読んだ人から「死刑を廃止したら、被害者の気持ちはどうなるのか」といった質問がよく出されます。中には「あなたの家族が殺されても、死刑制度に疑問を呈することができるのか」といったものもあります。

どれも、たいへん難しい問いかけです。私は「もし私の家族が殺される、いや、傷つけられたりしたら、地の果てまでも追い詰めて八つ裂きにしたいと思う」としたうえで、そうした感情と、国家が「仇《あだ》討ち」のような形で人の命を奪うことを、同じ地平で考えていいのかという疑問を投げかけています。

これは、家族が殺されて怒りと悲しみで体が打ち震えている人に、国がなすべきことは「仇討ち」でいいのか、精神面や生活面で手を差し伸べることが重要なのではないか、そうした思いからたどりついた私の「答え」ですが、もちろんそれが「正解」だとはいえません。

しかし、「被害者遺族の気持ちを考えれば死刑制度は必要」という主張がなされるときの「被害者遺族の感情」とは、決して一様ではないことも事実です。世論が一方的に「被害者遺族」のイメージを作り上げてしまうことで、その複雑な心情を単純化してしまうという懸念もあるのではないでしょうか。

2024年7月4日、東京・霞が関の弁護士会館でおこなわれた「日本の死刑制度について考える懇話会」の会合で、一人の女性が「ご自分の娘や息子の命、愛する家族の命を奪った加害者に対しても、死刑反対といえますか」と訴えました。この女性は磯谷富美子《いそがいふみこ》さんで、2007年に起きた闇サイト事件で、当時31歳だった長女を殺害されています。

磯谷さんはこの会合に、犯罪被害者遺族の立場から死刑に関する意見を述べるために参加しました。懇話会は国への死刑制度に関する提言をまとめることを目的に、法曹関係者や国会議員など16人で構成され、筆者も委員として加わっていました。

「娘は、本当にむごい殺され方をしました」。磯谷さんはそう話すと、娘さんが殺害された様子を詳しく説明しました。3人の男に暴行されて無残に命を奪われ、変わり果てた姿となった娘に対面した時のことを語る磯谷さんの言葉に、胸が締めつけられるような思いで、ほかの委員も言葉を失っていました。

磯谷さんは「むごい内容をお話ししたのは、死刑反対と軽々しく口に出してほしくないからです」といいます。「残された遺族が前を向いて生きていくためにも、死刑は必要なのです」と力説し、死刑の代替刑としての終身刑導入には「被害者遺族が支払う税金も彼らの生活の足しになってしまう」と批判しました。

磯谷さんをはじめ、殺人事件の被害者らでつくる「宙《そら》の会」特別参与で元警察官の土田《つちだ》猛《たけし》さんは「人の命を奪えば、命をもって償うべきだ」とし、殺人罪には死刑適用を原則とするよう求めています。土田さんは「人を殺せば死刑というのが日本文化。犯罪の抑止効果も大きい」とし、そのためにも死刑制度は不可欠だと強調しています。

2019年の内閣府による世論調査では「死刑もやむを得ない」と答えた人が8割に上り、そのうちの6割近くが、理由として「被害を受けた人やその家族の気持ちがおさまらない」ことを挙げています。磯谷さんをはじめ、実際にそう考えている被害者遺族の方は少なくないと思います。

しかし、そうした立場をとらない被害者遺族の方々もいます。その一人が、1997年に8歳の息子をひき逃げ事故で亡くした片山徒有《ただあり》さんです。片山さんは「どんな罪を犯した人でも更生し、社会の中で果たすべき役割がある。厳罰ではなく、同じような被害者を出さないことが一番の望み」と述べ、死刑には反対の考えを明言しています。

片山さんは2000年から刑務所や少年院で「被害者の視点」を語っています。受刑者との対話を重ねる中で、自らの罪と向き合うなどの変化が見えるといいます。そうした経験から、片山さんは「悲しさと苦しみの中で犯人を許せないと叫ぶ被害者像が、メディアを通じてつくられている。しかし、被害者は変わり得る存在であり、それは加害者も同じだと思うのです」といいます。

「殺人の被害者遺族と交通事故の遺族では、立場が違うかもしれない」。片山さんはそう思いながらも、家族の命を突然奪われた悲しみや怒りを同じ被害者遺族として共有し、手を差し伸べたいとの考えです。それだけに、被害者遺族の感情や不安をいたずらにあおり立てる風潮には違和感を覚えています。

罪を犯した人を死刑にしてしまえば更生はできず、なぜそうした事件が起きたかを社会が知る機会も永遠に奪われてしまいます。「犯罪は社会の痛みのそのもの。再び起こさないために、時間とコストをかけてでも加害者と向き合うことが必要で、それが被害者の心の回復にもつながります」。片山さんは、そう信念を語っていました。

被害者への支援

国連は、1985年に「犯罪およびパワー濫用の被害者のための司法の基本原則宣言」を総会で決議しています。「パワー濫用の被害者」とは、「個人であれ集団であれ、国内の刑事法には違反していないものの、人権に関して国際的に認められた基準に違反する作為または不作為により、身体的または精神的傷害、感情的苦痛、経済的損失、または基本的人権に対する重大な侵害などの被害を被った」人のことです。宣言では「司法へのアクセスおよび公正な扱い」「被害弁償」「被害補償」「被害者援助」の4つについて、被害者と被害者遺族に次のような権利があると記しています。

「司法へのアクセス及び公正な扱い」では「被害者は、受けた被害について、国内法の規定に従って、裁判制度にアクセスし速やかな回復を受ける権利がある」としています。必要な場合には費用がかからずに被害回復が受けられるように、裁判制度や行政制度が整備されなければならないとし、被害者に対する情報提供、プライバシーの保護、国内の刑事司法制度に従って意見表明ができることなどが求められています。

「被害弁償」は「自己の行為に責任のある犯罪者またはその関係者は、妥当な場合には、被害者、その家族または被扶養者に、公正な被害弁償を行わなければならない」との内容で、罪を犯した人の「逃げ得」を許さず、被害者を泣き寝入りさせないことを目的としています。被害弁償には、財産の返還、発生した被害または損害に対する支払い、被害の結果発生した費用の弁済、サービスの提供、権利の回復が含まれています。

特に重要なのが「被害補償」です。ここでは「犯罪者またはそれ以外から十分な弁償を得られない場合には、国家は、経済的補償を行なうよう努力しなければならない」とし、その対象として「重大な犯罪の結果、身体にかなりの被害を受け、または身体や精神の健康に損傷を受けた被害者」と「そうした被害のために死亡した者または身体的および精神的不能になった者の家族、特に被扶養者」を挙げています。

また、被害者補償基金の創設、強化および拡充の努力をする必要がある、ともしています。犯罪に巻き込まれたことで、被害者や被害者遺族が生活に困窮《こんきゅう》するというケースは多数起きています。これは、死刑という制度の是非とは切り離して、早急に補償制度を拡充する必要があります。

また、「被害者援助」も大切で、ここでは「被害者は、政府・ボランティア・コミュニティに基礎をおく機関、および地域固有の機関などから、物質的、医療的、精神的、社会的に必要な援助を受けることができる」としています。「警察、司法、健康、社会サービス、その他の関係担当者は、被害者のニーズに適切に対応し、適切な援助を迅速に行なうためのガイドラインについて、トレーニングを受けなければならない」と、行政が連携して対応に当たる必要性にも触れています。

被害者には、必要な支援を受ける権利があり、政府はこの権利を保障するために必要な対策をとらなくてはならないということが、宣言の趣旨といえるでしょう。犯罪を社会問題ととらえ、政府が積極的に被害者の回復に関わるという考えです。

日本では、そうした被害者や被害者遺族の支援はまだ十分ではありません。それが、被害者遺族を「犯人を死刑にしないとおさまらない」という気持ちにさせる原因の一つとなっているのであれば、死刑は被害者遺族の抱える問題を解決する、根本的な方法ではないことになります。

同時に、被害者遺族の存在を十分に考慮することなく、死刑の是非について議論を進めるべきではないともいえます。

日弁連は、2017年に「犯罪被害者の誰もが等しく充実した支援を受けられる社会の実現を目指す決議」を採択しています。その中で、被害者や被害者遺族の支援について、次のように記しています。

1　犯罪被害者が民事訴訟等を通じて迅速かつ確実に損害の賠償を受けられるよう、損害回復の実効性を確保するための必要な措置をとること。

2　犯罪被害者等補償法を制定して、犯罪被害者に対する経済的支援を充実させるとともに、手続的な負担を軽減する施策を講じること。

3　犯罪被害者の誰もが、事件発生直後から弁護士による充実した法的支援を受けられるよう、公費による被害者支援弁護士制度を創設すること。

4　性犯罪・性暴力被害者のための病院拠点型ワンストップ支援センター（筆者注：総合的な支援を一カ所で提供する場所）を、都道府県に最低1か所は設立し、全面的な財政的支援を行うこと。

5　全ての地方公共団体において、地域の状況に応じた犯罪被害者支援施策を実施するための、犯罪被害者支援条例を制定すること。

世論の作り上げた「被害者像」から刑罰を考えるのはなく、それぞれの被害者や被害者遺族に社会が向き合い、適切な支援を差し伸べることが重要です。「死刑制度」と「犯罪被害者支援」は、それぞれに分けて考えるテーマだと思います。少なくとも世論が「死刑にすれば犯罪被害者や遺族は満足するだろう」と考えるのは、あまりに単純であり、社会のあり方として無責任といえるのではないでしょうか。

第5章　死刑はどうなっていくのか

死刑賛成は「8割」なのか

死刑制度を存置している日本政府が、その主な理由として挙げているのが「世論の支持」です。5年に1度おこなわれている死刑制度に関する内閣府の世論調査では、死刑制度を支持すると答えた人が死刑廃止の意見を持つ人を大幅に上まわるとの結果が出ており、そうしたことを背景にして死刑制度が広く支持されているとの見方を示しています。

日本の行政機関の一つである内閣府が2019年におこなった世論調査では、死刑制度について80・8パーセントが「やむを得ない」と容認していました。死刑制度を「やむを得ない」と回答した人が最も多かったのは、2010年2月に公表された世論調査（調査の実施は2009年）の結果で、85・6パーセントにのぼりました。

こうしたことから、報道各社は「国民の8割以上が死刑制度を容認している」と伝え、法務大臣は、こうした結果を根拠に、死刑制度を維持する考えを示しています。

２０２１年12月に３人への死刑が執行された際、法務大臣（当時）の古川《ふるかわ》禎久《よしひさ》氏は臨時記者会見で「いま現在、国民世論の多数が、きわめて悪質凶悪な犯罪については死刑もやむを得ないと考えていると認識している」と述べています。ほかの法務大臣も、死刑について「多数の国民が死刑を支持しており、制度の見直しは考えていない」と発言しました。

	死刑存置	死刑廃止	わからない
1956年	63.0%	20.0%	17.0%
1967年	70.5%	16.0%	13.5%
1975年	56.9%	20.7%	22.5%
1980年	62.3%	14.3%	23.4%
1989年	66.5%	15.7%	12.8%
1994年	73.8%	13.6%	12.6%
1999年	79.3%	8.8%	11.9%
2004年	81.4%	6.0%	12.5%
2009年	85.6%	5.7%	8.6%
2014年	80.3%	9.7%	9.9%
2019年	80.8%	9.0%	10.2%

世論調査結果一覧（1956～2019年）

では、死刑を「やむを得ない」ものとしている世論調査とは、いったいどのような内容なのでしょうか。

政府は１９５６年から２０１９年まで11回にわたり、死刑制度に関する世論調査を実施してきました。１９８９年からは、５年に１度の間隔で実施しています。その調査結果は以下の通りです。

その設問内容は、１９５６年から１９８９年までの５回と、１９９４年から２００９年までの４回、さらに２０１４年以降とでは表現などが異なっています。

まず「死刑制度の是非」という、調査の最も重要な質問について、どう変化していったのかを見てみましょう。

▽1956年から1989年までの5回

Q：いまの日本で、どんな場合でも死刑を廃止しようという意見にあなたは賛成ですか、反対ですか

A：（1）賛成　（2）反対　（3）わからない

▽1994年から2009年までの4回

Q：死刑制度に関して、このような意見がありますが、あなたはどちらの意見に賛成ですか

A：（1）どんな場合でも死刑は廃止すべきである　（2）場合によっては死刑もやむを得ない　（3）わからない・一概に言えない

▽2014年以降

Q：死刑制度に関して、このような意見がありますが、あなたはどちらの意見に賛成ですか

A：（1）死刑は廃止すべきである　（2）死刑もやむを得ない　（3）わからない・一概に

言えない

この設問と選択肢を見て、どういった印象を持たれたでしょうか。いずれの世論調査でも、死刑制度を支持する意見が多数派を占める結果となっています。ですが、２００９年までの質問内容には、どうしても首をかしげてしまう点があります。それは、死刑廃止について「どんな場合でも」という表現をつけていることです。

１９５６年から１９８９年までの世論調査では、回答は死刑制度について「賛成」か「反対」、または「わからない」というシンプルなものでした。一方、質問を見ると「どんな場合でも死刑を廃止しようという意見」についての賛否を尋ねています。「凶悪な大量殺人の犯人であっても、死刑を廃止しようと思いますか」といったような、極端な事例までをあえて想起させるような内容です。

たとえ回答の選択肢がシンプルであっても、こうした質問の仕方をすれば、死刑制度に反対と回答するのは、確固たる考えを持っている人に限られてしまいます。逆にいえば、多くの人が「賛成」の回答に流れてしまうのではないでしょうか。そこには、死刑についての賛成意見を多くしたいという、調査する側の意図を感じてしまいます。

１９９４年からは、質問内容が「死刑制度に関して、このような意見がありますが、あなたはどちらの意見に賛成ですか」と変わりました。「どんな場合でも死刑は廃止か」といった内容ではなくなりましたが、回答の選択肢は「どんな場合でも死刑は廃止すべきである」「場合によっては死刑もやむを得ない」「わからない・一概に言えない」の3つです。それまで質問内容にあった「どんな場合でも」が、今度は回答の選択肢に盛り込まれたのです。

たしかに質問は変化しましたが、回答の選択肢を見ると、基本的にはそれまでと同じ内容といえます。ここで浮かぶのは、死刑制度の是非について、なぜシンプルに賛成か反対かを尋ねようとしないのかという疑問です。「どんな場合でも」や「場合によって」という言葉が加えられることによって、死刑制度に対して正確に評価することが阻まれているのではないでしょうか。

こうした疑問は、当時の国会でも取り上げられました。2014年3月の衆院法務委員会で、野党議員が、選択肢として「どんな場合でも死刑は廃止すべきである」と、意見を強調する「すべき」という言葉が入っていることなどを問題視したのです。野党議員は、こうした聞き方が「本当の民意がどこにあるのかということを確認するには非常に不十分、役立っていないどころか、誤解を与え得る」として、その考えをただしました。

これに対し、法務大臣（当時）の谷垣禎一《さだかず》氏はこう答弁しています。

「基本的に、こうした質問の立て方をしてきておりますのは、要するに、この問題の論点と申しますか、死刑制度の存廃に関する我が国の議論が、結局のところ、あらゆる犯罪について死刑を廃止すべきかどうか、つまり全面的に廃止すべきであるかどうかというのが最大の論点であろうということを踏まえまして、このような『どんな場合でも死刑は廃止すべきである』か、あるいはこれに対応する『場合によっては死刑もやむを得ない』かという選択肢になっているわけで、こういう考えに基づいて繰り返し実施してきたということだと私は考えております」

この答弁は、大きく2つのことを示しています。第1は、質問のポイントは死刑制度を全面的に廃止すべきかどうかということであり、それゆえに「どんな場合でも死刑は廃止すべきである」という選択肢が出されたということです。第2は、その選択肢に対応するもう1つの選択肢は「どんな場合でも死刑は存置すべきである」ではなく、「場合によっては死刑もやむを得ない」であることです。

どちらにも疑問が残ります。そもそも、この世論調査は「全面的死刑廃止」の是非を尋ねているものなのでしょうか。

日弁連は2013年11月、世論調査の問題点を意見書としてまとめています。この中では、死刑制度に関する主質問「死刑制度に関して、このような意見がありますが、あなたはどちらの意見に賛成ですか」の選択肢としては「①死刑は廃止すべきである ②どちらかと言えば、死刑は廃止すべきである ③わからない・一概に言えない ④どちらかと言えば、死刑は残すべきである ⑤死刑は残すべきである」に改めるべきとしています。

日弁連の死刑廃止検討委員会は2012年11月、世論調査に詳しい静岡大情報学部の山田文康教授を招いて、質問や選択肢の妥当性を協議していました。山田教授は「『どんな場合でも』という強い表現に比べて、『場合によっては』という聞き方は柔らかく、聞き方が中立的ではない」とし、死刑を容認する回答が高くなる可能性を指摘しており、日弁連として世論調査の設問などを問題視し、見直しを求めていく方向で動き始めていました。そうした動きを集約したものが、日弁連の意見書でした。

見直された質問内容

こうした動きもあり、2014年の世論調査からは、質問内容が日弁連などの主張に沿う形で見直されました。「死刑制度に関して、このような意見がありますが、あなたはどちらの意見に賛成ですか」という質問の選択肢は、「死刑は廃止すべきである」と「死刑もやむを得ない」「わからない・一概に言えない」に単純化されました。

また、この世論調査からは、死刑の代替刑としての終身刑導入に関する質問が新たに加えられました。「もし、仮釈放のない『終身刑』が新たに導入されるならば、死刑を廃止する方がよいと思いますか」と問いかけ、選択肢として「死刑を廃止する方がよい」「死刑を廃止しない方がよい」「わからない・一概に言えない」の3つを挙げています。

実際の調査では、終身刑導入に関する質問をする前に、対象者には現行の無期懲役には仮釈放の可能性があり、仮釈放されない「終身刑」は日本に導入されていないことを説明する文章を読んでもらう方式がとられました。

こうした質問内容の変化を、日弁連などの関係者は驚きをもって受け止めました。死刑廃止に取り組んできた弁護士の中には「死刑に対する法務省の姿勢変化だ」とし、死刑の代替刑としての終身刑の導入について、本格的な検討に乗り出すきざしだと考えた人もいました。

実は、質問内容の見直しについて、法務省は専門家による検討会を秘密裏に開いていました。「死刑制度に関する世論調査についての検討会」と名づけられた会合には、法務省刑事局の幹部のほか、民間から統計学や社会調査などの専門家4人が参加していました。

法務省が掲げたテーマは「死刑制度の存廃について従前の質問の当否」と、「仮に『終身刑を導入した場合に死刑制度を廃止することの是非』に関する質問を新たに追加するとした場合、新たな質問はどの位置に置き、どのような質問表現にすることが妥当か」の2点でした。

非公開の検討会は、死刑制度の存廃に関する質問で、選択肢の表現をこれまでと同じくしたケースと修正したケースとで独自のサンプリングテストをおこなうなど、かなり綿密な調査と議論を重ねたとされています。その結果を記した「取りまとめ報告書」には、主質問で選択肢の内容を修正し、終身刑に関する質問を追加すべきということが盛り込まれたのです。

報告書では、死刑制度の存廃に関する選択肢について、「世論調査において調査すべき事項が、『制度としての死刑を全面的に廃止すべきであるか否かについての国民意識の動向を把握する』というものであることを前提とするならば、従前の選択肢を変更し、『死刑は廃止すべき』、『死刑もやむを得ない』とすることが相当である」結論づけています。

これまでの「どんな場合でも」や「場合によっては」という添え言葉を削除するべきと明記していますが、その理由として挙げているのが、サンプリングテストの結果でした。

従来の選択肢によるものと、添え言葉を削除した選択肢によるものとの2通りの質問を用意してテストを実施したところ、添え言葉を削除する方が「回答者にとってより明瞭」（報告書）との結果を得ていたのでした。報告書では「より明瞭な回答を得ることが可能であること等に鑑みれば、選択肢を変更することが相当である」と書かれています。

新たな設問などが盛り込まれた2014年の世論調査の結果では、死刑制度の存廃に関して「死刑は廃止すべきである」と答えた人の割合は9・7パーセントでした。「死刑もやむを得ない」との回答は80・3パーセントで、廃止の意見が2009年の前回調査よりも4ポイント増加しましたが、その差は大きく開いたままでした。

世論調査の公表後、2015年1月27日の閣議後記者会見で、調査結果の所感を問われた法務大臣（当時）の上川陽子氏は、こう答えています。

「死刑の全面的廃止を求める意見は少数である一方、多くの国民の皆様が死刑の存置もやむを得ないと考えているという基本的な動向に大きな変化はなかったというふうに考えておりまして、現行制度につきましては肯定的な結果が示されているものと考えております」

「死刑制度の見直しに関する御質問につきましては、今回の世論調査でも明らかになりましたけれども、多数の国民の皆様が、きわめて悪質・重大な犯罪については死刑もやむを得ないというふうに考えていること、また、凶悪犯罪がいまだ後を絶たないという状況等を鑑みまして、直ちにこのことについて見直すということにはならないと考えております」

２０１９年の世論調査では、「死刑もやむを得ない」と回答した割合は80・８パーセントで、２０１４年よりも０・５ポイント上昇しました。一方で、「死刑は廃止すべきである」との回答は９・０パーセントと、０・７ポイント減少しています。

この間には、２０１８年にオウム真理教の元幹部13人への死刑執行があり、その是非について議論を呼び、国際的にも大きな批判を浴びましたが、それでも死刑制度を支持する割合は揺るがず、逆に微増する結果となりました。こうした結果をもって、政府は死刑制度の見直しには否定的な姿勢を保ち続けています。

一方で、世論調査の結果からは、死刑制度に対する「迷い」も見えてきます。世論調査では、主質問である死刑制度に対する賛否のほかに、6つの質問が用意されています。その中には、主質問で「死刑もやむを得ない」と答えた人を対象に、追加の質問をしている項目があります。「将来も死刑を廃止しない方がよい」か、それとも「状況が変われば、将来的には、死刑を廃止してもよい」か、尋ねる内容です。

2014年の世論調査では、「将来も死刑を廃止しない」という強硬な死刑存置の意見は57・5パーセントで、「状況が変われば、将来的には、死刑を廃止してもよい」と、死刑廃止に柔軟な考えを示す割合が40・5パーセントにのぼっていました。

2019年の調査結果では、「将来も死刑を廃止しない」が54・4パーセントで、「状況が変われば、将来的には、死刑を廃止してもよい」が39・9パーセントでした。

死刑廃止に柔軟な意見は0・6ポイント減らしましたが、強硬な死刑存置の意見も3・1ポイント減っています。特に、死刑廃止に柔軟な意見は2004年の世論調査では31・8パーセントの割合だったことから、最近では4割前後に増えていることがわかります。

このことは、主質問で「死刑もやむを得ない」と回答した人の中でも、4割ほどが将来の死刑廃止に含みを持たせており、死刑制度を維持し続けることにためらいの気持ちを抱いている意見が一定程度あることを示しているといえるでしょう。

　さらに、2014年から加わった「仮釈放のない終身刑」を導入した場合の死刑存廃を問う質問では、「廃止する方がよい」との回答が37・7パーセント。「廃止しない方がよい」と答えた割合は51・5パーセントでした。2019年の世論調査では、「廃止する方がよい」は35・1パーセント、「廃止しない方がよい」は52・0パーセントとなっています。

　2つの調査結果には、それぞれの数値にわずかの差はあるものの、終身刑を導入すれば、死刑廃止に賛成する意見が3割ほどあることがわかります。主質問で、単純に死刑の賛否を尋ねた場合、死刑廃止の回答は1割に達していませんでしたが、重い罪を犯した人を社会から生涯隔離する刑が導入されれば、死刑廃止支持が増えることを示しています。

　こうした点を勘案すれば、政府のいう「多数の国民が死刑はやむを得ないと考えている」という見方には疑問符がつきます。死刑の賛否を問う主質問には、約1割が「死刑は廃止すべき」と回答していました。「死刑はやむを得ない」との回答は約8割ですが、そのうち4割程度は将来的な死刑廃止を容認しています。その割合は、回答者全体の約3割に当たります。

　つまり、死刑を廃止すべきという確固たる意見を持った1割の人に、将来的な死刑廃止を容認する3割を加えると、全体の約4割が死刑廃止の可能性を否定していないというこ

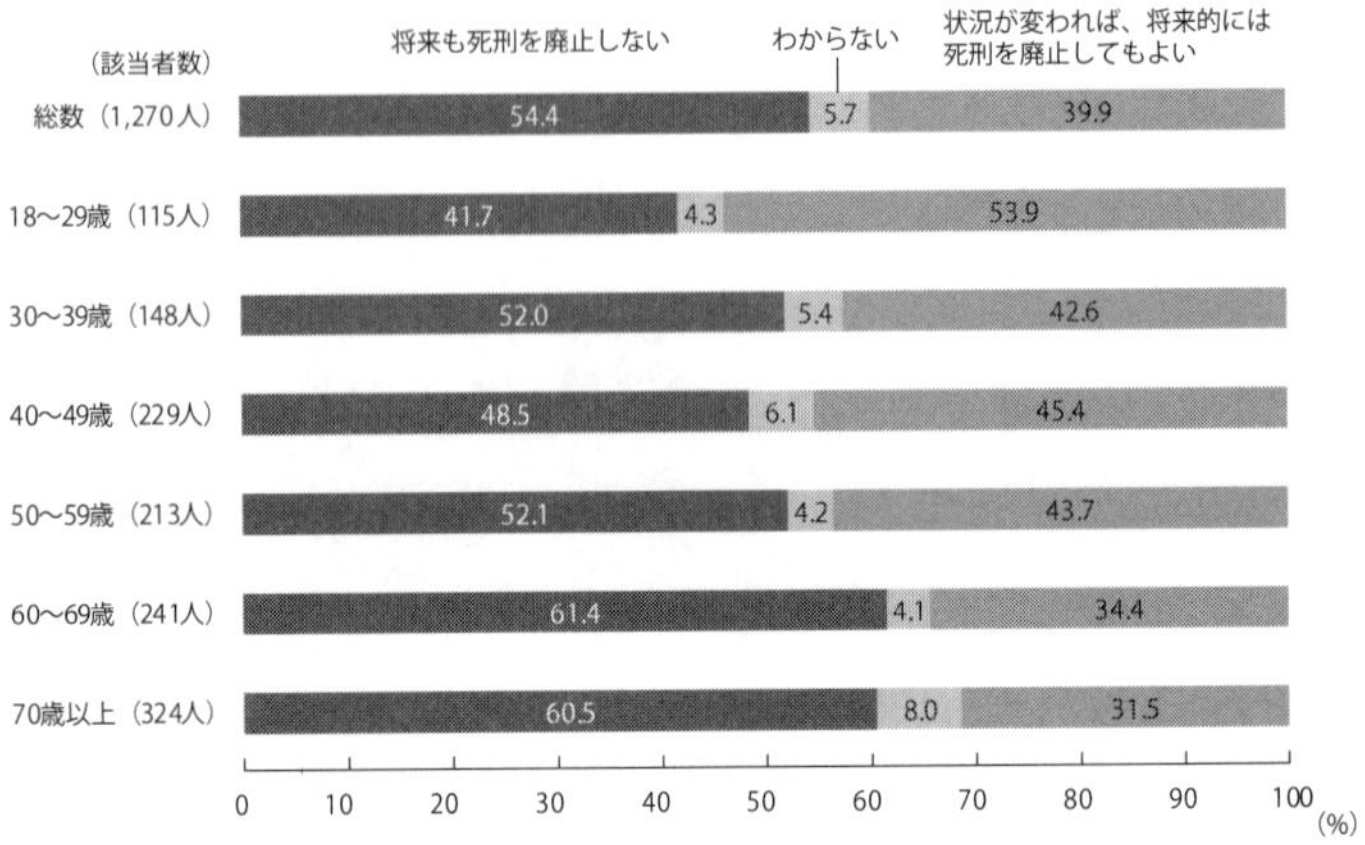

将来も死刑存置か（死刑制度について「死刑もやむを得ない」と答えた人に）

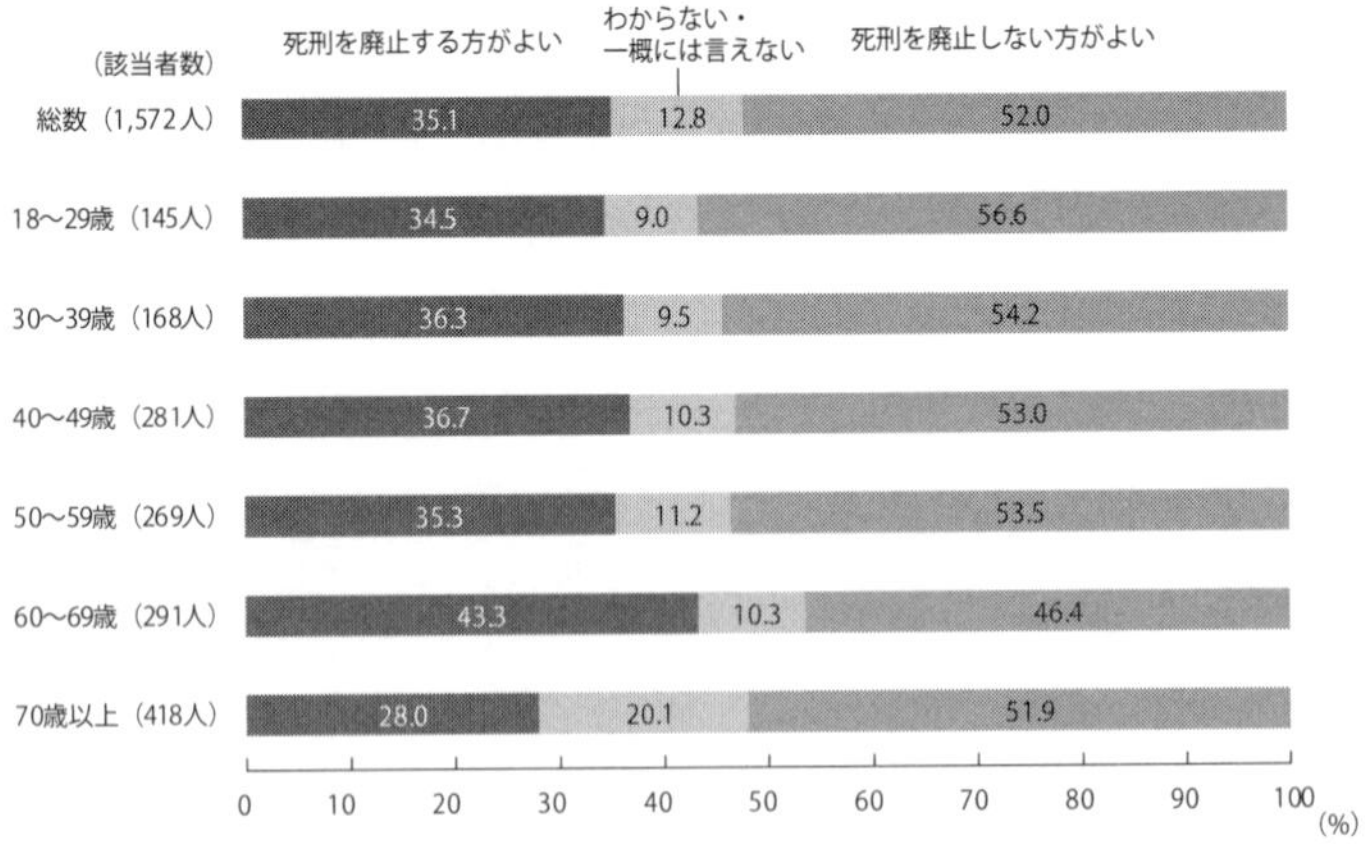

終身刑を導入した場合の死刑制度の存廃

（内閣府 2019 年世論調査報告書をもとに作成）

とになるのです。そう考えると、「国民の多数が死刑を容認している」というのは事実の一側面を強調しているに過ぎないといえるのではないでしょうか。

また、内閣府とほぼ同じ条件で世論調査を実施し、そこに独自の質問を加えて変化を比較する「ミラー調査」といわれる手法による研究もおこなわれています。その結果、内閣府の主質問と同様に二者択一で死刑制度の是非を質問すると、約8割が「死刑もやむを得ない」と回答しました。これは、内閣府の世論調査と同じ結果です。

しかし、「もし日本政府が死刑を廃止したら、どう思うか」との追加質問には、「死刑もやむを得ない」と回答した人の約7割が「政府の政策として受け入れる」と回答しています。

また、死刑制度の是非について、回答項目を4段階に細かくした質問もおこなっています。その結果、「死刑は絶対にあった方がいい」は27パーセント、「どちらかというとあった方がいい」は46パーセント、「どちらかというと廃止すべきだ」は6パーセント、「死刑は絶対に廃止すべきだ」は2パーセントでした。

刑罰のあり方が人びとの意識からかけ離れてしまうと、刑事・司法制度への信頼が失われることにつながります。刑事・司法政策を考えるうえで、法への信頼を維持するのは重要なことであり、世論調査はその手がかりとなります。しかし、結果の中で政府の政策に都合のいい面だけを切り取り、正当化の根拠にしてしまえば、逆にその信頼を傷つけることになります。

死刑に関する世論調査の結果を見るうえでは、死刑に賛成という意見の中にも、さまざまな「揺らぎ」があるという点に注目することが大切です。賛成か反対か、どちらかの主張に則った主張をぶつけ合うのではなく、多くの人が抱いている「揺らぎ」に向き合いながら、将来の政策を考えていくことが重要ではないでしょうか。

「残虐さ」を現代から考える

憲法36条には「公務員による拷問及び残虐な刑罰は、絶対にこれを禁ずる」と記されています。一方、刑法11条では「死刑は、刑事施設内において、絞首して執行する」と定めています。日本での死刑執行の方法である絞首刑は、憲法で禁止されている「残虐な刑罰」には該当しないのでしょうか。

日本では、1948年と1955年に、最高裁が「絞首刑は残虐な刑罰にはあたらない」との判決を下し、「絞首刑による死刑は合憲である」としてこの執行方法を続ける根拠となっています。1948年の最高裁判決では、死刑制度そのものが「直ちに同条（憲法36条）のいわゆる残虐な刑罰に該当するとは考えられない」としたうえで、こう述べています。

「ただ死刑といえども、他の刑罰の場合におけると同様に、その執行の方法等がその時代と環境とにおいて人道上の見地から一般に残虐性を有するものと認められる場合には、勿論これを残虐な刑罰といわねばならぬ」

判決では、違憲となる「残虐な執行方法」について「火あぶり、はりつけ、さらし首、釜ゆで刑」を例に挙げています。これらと比較して絞首刑は、不必要に精神的・肉体的な苦痛を与えるものではないと判断したわけです。

さらに、1955年の最高裁判決では「現在各国において採用している死刑執行方法は、絞殺、斬殺、銃殺、電気殺、瓦斯《ガス》殺等であるが、これらの比較考量において一長一短の批判があるけれども、現在我が国の採用している絞首方法が他の方法に比して特に人道上残虐であるとする理由は認められない」とし、絞首刑の残虐性を否定しています。

しかし、こうした判決が書かれたのは70年ほど前のこと、戦後まもない時期です。その当時とは社会環境は大きく変化しています。1948年の最高裁判決では、死刑の残虐性を判断する基準として「その時代と環境」と「人道上の見地」を挙げています。それらが変化したことはいうまでもありません。現代の観点から絞首刑が残虐であるかは、当然検討されるべきことだと思います。

研究者や弁護士の中には、絞首刑は執行時に死刑囚の首が切断される可能性があり、残虐な刑罰にあたると主張し、裁判になったケースもあります。2011年11月には、大阪市内でパチンコ店が放火され5人が死亡した事件の公判で、人形を使った絞首刑の再現実験で頭部が切断される様子を収録した英国の番組が上映されました。公判では死刑の違憲性が審理されており、映像は弁護側の求めによって上映されました。

また、オーストリアの法医学者も弁護側証人として出廷し、「ロープの長さや体重などの要素で、身体が傷つく可能性がある」と証言しています。首が切断されたり、長時間苦しみながら死亡したりすることも考えられると指摘し、死刑に立ち会った経験のある元検事も、絞首刑は「むごたらしく、正視に堪えない残虐な刑だ」と述べ、憲法で禁じられた「残虐な刑罰」にあたるとの主張を展開しました。

2011年に大阪地裁は、殺人などの罪に問われた被告の男性に対して、死刑の判決を下しました。また、絞首刑についても、それまでの判例と同じく合憲と判断しています。判決では、絞首刑は意識喪失までに場合によっては2分以上かかり、死刑囚が苦痛を感じ続ける可能性があるとの事実関係を認めています。それでも「残虐な刑罰」ではないとした理由を、判決ではこう記しています。

「絞首刑が死刑の執行方法の中で最善のものと言えるかは議論のあるところだが、死刑に処せられる者は、それに値する罪を犯した者で、執行に伴う多少の精神的・肉体的苦痛は当然甘受すべきである。確かに絞首刑には前近代的なところがあり、死亡するまでに予測不可能な点があるが、だからといって残虐な刑罰に当たるとはいえず、憲法に違反しない」（判決要旨より）

私は、この文章を何度読んでも、いわんとすることが十分に理解できません。弁護側の証人が指摘した「首が切断」され「長時間苦痛を味わう」ことの可能性を、判決では否定していません。絞首刑は「前近代的なところ」があり、死に至るまで「予測不可能な点」があると認めているにもかかわらず、死刑囚はそれを「当然甘受すべき」としているのは、あまりに乱暴な論理だと思います。絞首刑によって首が切断されても、それは「残虐な刑罰」ではないのでしょうか。

裁判所は絞首刑に関する具体的な記録を検討することなく、首が切断されるなどの可能性を含みながらも、残虐性はないと判断したのは、司法の役割を放棄しているようにも映ります。この事件では、2016年に被告の死刑判決が最高裁で確定しました。

2022年には、絞首刑で死刑を執行するのは残虐で憲法に違反するとして、大阪拘置所に収容されている死刑囚3人が、執行差し止めなどを求めた訴訟を大阪地裁に起こしました。死刑囚側は、絞首刑は死亡までに時間がかかることで苦痛を与えるほか、遺体が激しく損傷する恐れがあるとし、「個人の尊厳」を定めた憲法13条や、残虐で非人道的な刑罰を禁止する国連の国際人権規約に反すると主張しています。

こうした訴訟や議論があるにもかかわらず、国側は絞首刑の残虐性について具体的な反論はせず、その実態を示す客観的な資料も公開していません。死刑執行の経緯について情報公開請求をしても、黒塗りの報告書しか示されないことは、先に述べた通りです。政府は絞首刑の情報を明らかにせず、司法もそれを事実上、追認していることになります。それでは議論にならないはずです。

また、死刑をめぐる環境も大きく変化しました。絞首刑は残虐な刑罰ではなく合憲とした1948年の最高裁判決では、死刑制度について「憲法は、現在多数の文化国家におけると同様に、刑罰として死刑の存置を想定し、これを是認していたものと解すべきである」と述べています。

しかし、当時の死刑廃止国はわずか8カ国です。2023年には法律で死刑を廃止した国は112カ国にのぼり、10年以上執行がない「事実上の死刑廃止国」などを含めると144カ国にのぼります。死刑をめぐる国際的な環境は、1948年当時と激変していることは明らかです。

大部分が死刑を廃止した欧州では、日本が死刑を続けていることに驚く人が少なくありません。英国で知人に「日本ではどんな方法で死刑をしているのか」と尋ねられ、絞首刑だと答えたら、「そんな残酷なことをいまでもやっているのか」と目を丸くされたことがあります。日本が死刑を、さらには絞首刑を依然としておこなっていることに、マイナスのイメージを抱く人は少なくありません。

米国の刑務所での取材経験が豊富な映画監督、坂上香《かおり》さんは「米国人にとって絞首は、黒人へのリンチや公開処刑を想起させ、死刑賛成派でも抵抗を覚えるほどです」といいます。また、「150年以上も絞首刑のままで、執行の詳細が伏せられていることを、なぜ社会的に議論されないのかと不思議がられます」とも話していました。日本が絞首刑をおこなっていることへの国際社会からの視線は、かなり厳しいのが現状なのです。

米国では、絞首刑に代わる人道的な死刑執行方法として電気椅子が20世紀はじめに導入され、一般化しました。しかし、執行時に死刑囚の肉体が焼け焦げ、出血を伴いながら苦しむ様子がメディアによって報じられ、批判が高まるとともに、電気椅子は「残虐で異常な刑罰」として過去の遺物となりました。

それに代わって薬物注射による死刑執行が定着していきますが、執行時のトラブルや薬品の調達が困難になるという問題のほか、医師が注射をして死刑に加担するのは、生命を助けるという医師の職業倫理に反するという批判にも直面し、執行が事実上不可能になっている州もあります。2024年には、アラバマ州で窒素吸入という新たな方法による死刑が執行されています。

このように、米国では死刑の情報が公開されていることもあり、残虐性の観点から執行方法の見直しがされてきました。もちろん、死刑そのものが残虐であるという考え方もあります。執行方法を見直したところで、公権力が人の命を合法的に奪うという行為であることには、なんら変わりありません。

しかし、明治時代に制定された法律を根拠に、実態を公表しないまま、残虐性の指摘が多い絞首刑を続けている日本の姿勢は、米国と比較すると、その異常さが際立っていると思います。死刑制度の存置を前提とするわけではなく、日本が死刑執行方法として採用している絞首刑に残虐性はないのかという問題を、正確な情報を基に議論していくことが急務だと私は考えています。

死刑に代わる刑罰

現在の刑法では、死刑の次に重い刑罰は無期懲役です。死刑は、拘置所に身柄を拘束され、法務大臣の命令によって命を奪われる刑罰であることから、社会復帰の見込みはありません。

一方、無期懲役は収容期間の定められていない長期刑です。法務省は、無期懲役について「刑期が終身にわたるもの、すなわち、受刑者が死亡するまでその刑を科するというもの」としていますが、仮釈放によって社会に戻れる可能性を残しています。

仮釈放とは、受刑者が刑期を満了する前に、釈放を認める制度です。一定の刑期を過ぎた受刑者が、改悛《かいしゅん》の情があって更生の意欲が認められる場合、地方更生保護委員会が再犯のおそれがないことや社会の感情（被害者の意見を含む）などを審理し、仮釈放の可否を決定します。

仮釈放は、無期懲役の受刑者も対象になります。社会復帰の望みがあるかないかという意味で、死刑と無期懲役の間には決定的な違いがあるのです。

そのため、死刑と無期懲役の間に、仮釈放のない「終身刑」を導入し、死刑の代替刑とするという考えがあります。死刑も残しながら終身刑を導入し、裁判官が死刑判決を下す数を減らすという意見もありますが、単なる厳罰化につながるという懸念も指摘されています。いずれにせよ、凶悪な罪を犯した人を生涯、刑務所に閉じ込めておく終身刑の是非は、死刑制度を考えるうえで重要なテーマです。

終身刑については、受刑者が絶望して精神障害に陥ったり自暴自棄《じぼうじき》になったりするなど、刑務所内での対応が困難になるといった問題点が指摘されています。また、終身刑を導入している国の中でも、仮釈放や恩赦の扱いについてはさまざまです。

法務省のある幹部は、日本で終身刑を導入することにたいして、こういいます。

「現行法上での無期懲役は、仮釈放されないかぎりは終身刑と同じです。仮釈放される権利があれば別ですが、そういう権利はありません。そうすると、放っておけば（無期懲役囚が）死亡するまで刑務所に入っているという意味で、終身刑と同じ刑罰になります。そう考えると、無期懲役と終身刑の間にどういった差があるといえるのでしょうか」。差がないなら現行制度を変えなくていいのではないかという主張です。

しかし、死刑に関する内閣府の世論調査で示した通り、終身刑を導入することによって、将来の死刑廃止に柔軟な意見が増えるのも事実です。国家が人の命を奪うという死刑よりも、終身刑の方が「人道的」で、判決に間違いがあったとしても取り返しがつくとの意見もあります。今後、日本で死刑制度の見直しが進めば、終身刑の導入についても議論になるのは間違いないでしょう。

では、現状で死刑の次に重い無期懲役の受刑者で、仮釈放された人はどれくらいいるのでしょうか。

刑法28条では、仮釈放についてこう定めています。

「懲役又は禁錮に処せられた者に改悛の状があるときは、有期刑についてはその刑期の三分の一を、無期刑については十年を経過した後、行政官庁の処分によって仮に釈放することができる」

無期懲役について、たまに「15年くらい服役したら、仮釈放で出所できる」といったことを「事実」として語る人がいます。刑法28条を読めばそう思えるかもしれませんが、実際は大きく異なります。法務省が2023年に公表した資料によると、2022年に仮釈放された無期懲役囚は5人で、この5人が刑務所に入っていた年数は、平均で45年3カ月にのぼります。

2013年から2022年の10年間で見てみると、仮釈放された無期懲役囚は81人いますが、いずれの年も仮釈放された無期懲役囚の平均収容期間は30年以上となっています。10年間で仮釈放が許可された無期懲役囚の収容期間は、30～35年が70・2パーセントと最も多く、35～40年の16・7パーセント、60～65年の4・8パーセントと続いています。60年以上が過ぎて、やっと仮釈放が認められるケースもあるのです。

注意しなければならないのは、「平均収容期間」は、あくまでも仮釈放された無期懲役囚の数値であり、仮釈放が認められず、刑務所に収容されたままとなっている無期懲役囚の収容期間は一切反映されていないことです。

法務省の資料には、10年間で仮釈放の審査を受けた350人の結果も記されています。一覧の中には、刑務所への収容期間が65年に達していても、仮釈放が認められなかったケースもありました。

刑法28条では、収容期間が10年を過ぎた無期懲役囚は仮釈放の「有資格者」となり、1990年代後半までは仮釈放される無期懲役囚が年間2ケタ台で推移し、平均収容期間も20年程度でした。しかし、2006年に有期刑の上限が30年に引き上げられたことから、無期懲役囚が30年以下で仮釈放されることは急激に減少し、収容期間の長期化が進んでいます。刑法28条の無期懲役囚に関する部分は、事実上形骸化しているといえます。

収容期間の長期化は、当然ながら無期懲役囚の高齢化につながります。2013年から2022年の間に、刑務所で死亡した無期懲役囚は280人と、仮釈放が認められた81人の3倍以上にのぼっていることからも、その現状がわかると思います。

元刑務官は「現実的に、仮釈放によって生きて塀の外に出られるのは、30歳代で刑務所に入った無期懲役囚まで。40歳代を過ぎて無期懲役となれば、獄死するケースが多くなるのではないか」とし、無期懲役が「実質的に終身刑になっている」と話していました。

また、無期懲役の受刑者によっては、確定直後に検察が「マル特無期」事案と指定し、仮釈放を許可しない扱いをされているケースもあります。

「マル特無期」とは1998年に最高検察庁が出した通達のことで、「無期懲役刑受刑者の中でも特に犯情等が悪質な者」を「マル特無期」として扱い、「従来の慣行等にとらわれることなく、相当長期間にわたり服役させることに意を用いた権限行使等をすべきである」としています。

内部の通達で、無期懲役囚に事実上の終身刑を科しているのであれば、仮釈放の制度を根本から否定することになってしまうのではないでしょうか。

2015年1月、法務大臣（当時）の上川陽子氏は記者会見で、終身刑について「社会復帰の望みがなく、受刑者に絶望感を抱かせる大変過酷な刑罰であるなどの指摘がある」とし、導入には「国民の間で幅広い議論がおこなわれていくことが望ましい」と語っています。こうした言葉を待つまでもなく、無期懲役の運用と終身刑の導入に関する議論が急がれているのは、いうまでもありません。

おわりに

死刑制度に対しては、さまざまな意見があります。賛成や反対の確固たる考えを持っている人もいれば、迷いながらどちらかを判断する人、もしくは迷ったままで結論を出せない人もいると思います。私は、死刑制度はなくしたほうがいいという考えです。しかし、そうではない意見にも納得させられるものがあり、判断に迷うという気持ちも理解できます。それほど難しい問題だと思います。

ただ、死刑制度とは国家が人の命を奪うことを公的に認めている制度である、ということは客観的な事実です。過去の大戦や、現在も世界各地で起きている戦争や紛争を引き合いに出すまでもなく、人類は「人が人を殺す」という幾多の悲惨な歴史を繰り返してきました。その反省のうえに、人が人を殺すことを減らすという理想に向けて、国際社会や多くの人たちが努力を積み重ねてきました。

そうした理想に向かう努力は、国家間の争いであっても、人と人とのいさかいであっても同じことだと思います。その点から考えると、死刑制度も「人が人を殺す」という行為であり、国家としてこの制度を続けているのであれば、主権者である私たちも、その行為に加わっているといえます。死刑制度の賛否を考えるにあたって、「当事者意識」を少しでも持つことが重要ではないでしょうか。

しかし、そのような当事者意識を持つのは、とても難しいことだと思います。なぜなら、日本では死刑囚の日常や死刑執行の実態など、死刑制度に関する情報の大部分が公開されておらず、考えるにも判断材料がきわめて乏しいからです。その中では、死刑制度の賛否を判断するには感情や価値観に基づかざるを得ず、両者の意見がかみ合わないまま、多くの人は考えるのをやめてしまうのが現状だと思います。

このような状況の中で、日本は死刑制度という「人が人を殺す」行為を続けています。私たちが、そこに正面から向き合うことなく、制度だけが続いていっていいのでしょうか。さまざまな角度から死刑制度についての事実を知り、考えていくことが必要なのではないでしょうか。それが「死刑のある国」に暮らす私たちの責務なのではないでしょうか。そうした思いを抱きながら、この本を書き進めてきました。

2024年2月に、死刑制度の存廃やあり方を議論するための検討組織「日本の死刑制度について考える懇話会《こんわかい》」が発足しました。死刑廃止を求める立場の日弁連が事務局を担いましたが、16人のメンバーの中には国会議員や学者のほか、元検事総長や元警察庁長官なども加わっており、死刑廃止を前提としたものではありませんでした。

懇話会には、私もメンバーの1人として参加しました。月に1～2回ほどのペースで会合を開き、大学教授らのレクチャーや、被害者の感情や海外の死刑制度などをテーマに議論を深めてきました。死刑事件を多く扱った弁護士が、実務から得た経験を話したことがあります。前述した被害者遺族の発言も、懇話会のヒアリングでおこなわれたものです。

多種多様なメンバーでの意見交換は、主張が対立するものもありましたが、広範に議論するという点では、とても意義深いものでした。「これまでは死刑制度について深く考えたことがなかったが、問題点などを深く考えるきっかけとなった」と話すメンバーもいました。何回もの議論を重ねて、２０２４年11月13日に報告書として提言と検討結果の概要をまとめました。提言は、同じ日に日本記者クラブで記者会見をおこない、公表しました。

冒頭の「基本的な認識」では、こう記しています。

「死刑は個人の生命を剝奪《はくだつ》する究極の刑罰であり、他の刑罰（自由刑や財産刑）が個人の権利の一部を制限するのとは異なり、人権の基盤にある生命そのものの全否定を内容としている。しかも、人の行う裁判である以上、誤判・えん罪の可能性が常につきまとい、ひとたび誤った裁判に基づく執行が行われるに至れば、取り返しのつかない人権侵害となる。このように、死刑そのものが根源的な問題を孕《はら》んでいるというばかりでなく、現行の日本の死刑制度とその現在の運用のあり方は、放置することの許されない数多くの問題を伴っており、現状のままに存続させてはならない。凶悪な犯罪の被害者及びその遺族の無念さと悲しみが限りなく深いものであり、また、世論調査において国民の多くが死刑制度の存置をやむを得ないと答えているとしても、それらのことは、死刑制度を何らの改革・改善も行わず、現在のような形のまま存続させることの理由となるものではない」

死刑制度に対してさまざまな意見を持つメンバーが議論を重ね、最終的に合意に至った文章です。死刑制度の「廃止」や「存置」といった方向性には直接触れていませんが、現在の死刑制度には運用面で大きな問題があり、このまま放置しておくことはできないと明記した意味は大きいと思います。最終報告書では、これに続いて以下の「提言」を記しています。

「上記のような基本的な認識に基づき、本懇話会は、その委員全員の一致した意見として、早急に、国会及び内閣の下に死刑制度に関する根本的な検討を任務とする公的な会議体を設置することを提言する。そして、その会議体においては、現行の死刑制度に関するあらゆる情報を集約しつつ、幅広い視野から制度の問題点の調査を行い、この制度の存廃や改革・改善に関する個別的な検討に基づき、法改正に直結する具体的な結論を提案すべきである。

なお、死刑判決の確定後、その執行に至る手続及び執行方法との関係でも、具体的な改善の要否を検討すべき種々の問題点が存在している。そこで、前記の会議体においては、具体的な結論を出すまでの間、死刑執行を停止する立法をすることの是非、あるいは執行当局者において死刑の執行を事実上差し控えることの是非についても、これを検討課題とすべきである」

現行制度には大きな問題があり、それを放置することは許されないとしたうえで、死刑制度を検討する会議体を設置することを政府に求めています。「問題がある」という認識を示しただけではなく、政府が具体的な対応をとるよう強く促したわけです。考え方の違いはあっても、現在の死刑制度をそのまま続けていくべきではない、という点で一致できたのは、議論の喚起に向けた大きな成果だったと思います。

さらに、個別具体的な提言として、国際社会との関係や特別な司法手続きの保障、被害者遺族への支援策の充実、死刑執行までの手続きや絞首刑の妥当性、死刑囚の処遇、十分な情報公開などが盛り込まれました。

私が強く求めたのは、情報公開の部分です。提言では、以下のように書かれています。

「現行の死刑制度の運用や執行の実態、死刑確定者の処遇等に関する正確な事実の多くの部分が明らかにされておらず、明らかにされている情報も国民に行き渡ってはいない。そのような現状の下において国民の死刑制度に関する意見を的確に集約する方法について、現状の世論調査の改善の在り方を含めて、具体的に検討する必要がある。また、本懇話会が設置を提言する前記の会議体においては、たとえば国政調査権を行使するなどして、死刑制度に関する十分な情報を集め、それに基づく検討を行うべきであり、政府の側もこの要請にかなう情報提供を行うべきである」

今後、会議体がどのように構成され、議論が進んでいくかは現時点では未知数です。しかし、死刑制度をめぐる議論は急を要す課題であり、政府や国会として避けて通れないテーマです。それは、私たちにとっても同じことです。死刑について考えるうえで、この本が少しでも手助けになれば、とてもうれしく思います。

本書の執筆にあたっては、かもがわ出版の天野みかさんと、中高生の皆さんにこの問題をわかりやすくどう伝えるかについて話をしながらすすめました。また、これまで私がおこなってきた死刑制度に関する取材を通して、多くの方がたから率直な考えや経験などをお聞かせいただきました。ご協力に深く感謝します。

読んでくださった皆さんから、死刑制度に関する考えや質問がありましたら、ぜひお寄せいただければと思います。最後まで読んでいただき、ありがとうございました。

２０２４年11月

佐藤大介

《参考文献》

市川悦子『足音が近づく――死刑囚・小島繁夫の秘密通信』インパクト出版会、1997年
大道寺将司『死刑確定中』太田出版、1997年
大塚公子『死刑』角川書店、1998年
宮本倫好『死刑の大国アメリカ――政治と人権のはざま』亜紀書房、1998年
団藤重光『死刑廃止論』（第六版）有斐閣、2000年
マーク・グロスマン／及川裕二訳『死刑百科事典』明石書店、2003年
免田栄『免田栄 獄中ノート――私の見送った死刑囚たち』インパクト出版会、2004年
菊田幸一『死刑廃止に向けて――代替刑の提唱』明石書店、2005年
村野薫『死刑はこうして執行される』講談社文庫、2006年
加賀乙彦『死刑囚と無期囚の心理』金剛出版、2008年
藤田公彦『元死刑執行官だけが知る監獄の叫び』徳間書店、2008年
布施勇如『アメリカで、死刑をみた』現代人文社、2008年
山下俊幸「犯罪被害者等支援のための地域精神保健福祉活動の手引―精神保健福祉センター・保健所等における支援―」「地域精神保健福祉機関における犯罪被害者支援」研究班、2008年
永田憲史『死刑選択基準の研究』関西大学出版部、2010年
美達大和『死刑絶対肯定論――無期懲役囚の主張』新潮新書、2010年

小倉孝保『ゆれる死刑──アメリカと日本』岩波書店、2011年
櫻井悟史『死刑執行人の日本史──歴史社会学からの接近』青弓社、2011年
青木理『絞首刑』講談社文庫、2012年
デイビッド・T・ジョンソン、田鎖麻衣子『孤立する日本の死刑』現代人文社、2012年
朴秉植編『死刑を止めた国・韓国』インパクト出版会、2012年
池谷孝司編著『死刑でいいです──孤立が生んだ二つの殺人』新潮文庫、2013年
永田憲史『GHQ文書が語る日本の死刑執行──公文書から迫る絞首刑の実態』現代人文社、2013年
読売新聞社会部『死刑──究極の罰の真実』中公文庫、2013年
井田良、太田達也編『いま死刑制度を考える』慶應義塾大学出版会、2014年
堀川惠子『教誨師』講談社、2014年
読売新聞水戸支局取材班『死刑のための殺人──土浦連続通り魔事件・死刑囚の記録』新潮社、2014年
戸川点『平安時代の死刑──なぜ避けられたのか』吉川弘文館、2015年
森炎『死刑肯定論』ちくま新書、2015年
佐藤大介『ドキュメント 死刑に直面する人たち──肉声から見た実態』岩波書店、2016年
佐藤大介『ルポ死刑──法務省がひた隠す極刑のリアル』幻冬舎新書、2021年
井田良『死刑制度と刑罰理論──死刑はなぜ問題なのか』岩波書店、2022年
井田良ほか8人『死刑制度論のいま──基礎理論と情勢の8つの洞察』判例時報社、2022年

著者略歴
佐藤大介（さとうだいすけ）
1972年、北海道生まれ。明治学院大学法学部卒業後、毎日新聞社を経て2002年に共同通信社に入社。韓国・延世大学に1年間の社命留学後、2009年3月から2011年末までソウル特派員。帰国後、特別報道室や経済部（経済産業省担当）などを経て、2016年9月から2020年5月までニューデリー特派員。2021年5月より編集委員兼論説委員。著書に『13億人のトイレ——下から見た経済大国インド』（角川新書）、『オーディション社会韓国』（新潮新書）、『ルポ死刑——法務省がひた隠す極刑のリアル』（幻冬舎新書）など。

＊クレジットのない写真はすべて著者提供

中高生から考える死刑制度
——死に値する罪ってなに？

2024年12月26日　初版第1刷発行

著　者　佐藤大介

発行者　田村太郎
発行所　株式会社 かもがわ出版
〒602-8119　京都市上京区堀川通出水西入
TEL 075-432-2868　FAX 075-432-2869
振替　01010-5-12436
https://www.kamogawa.co.jp
印刷所　シナノ書籍印刷株式会社

ISBN978-4-7803-1350-5　C0036　Printed in Japan